JN195991

パラスポーツ・ボランティア入門
共生社会を実現するために

松尾哲矢
（立教大学教授）
編

平田竹男
（早稲田大学教授、
内閣官房東京オリンピック・
パラリンピック推進本部事務局長）

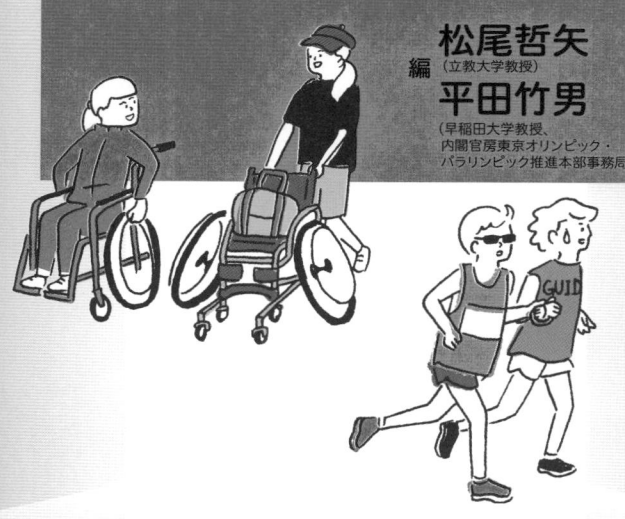

旬報社

はじめに
「心のバリアフリー」をめざして

平田竹男

早稲田大学スポーツ科学学術院教授
内閣官房東京オリンピック・パラリンピック推進本部事務局長

　2020年東京オリンピック・パラリンピック競技大会の成功をめざして、国や行政や企業、そして多くの市民の方々がさまざまな活動を行なっています。テレビ番組、新聞報道、CMなどで東京オリパラの話題を目にしない日はないと言ってもよいでしょう。私は、2020年東京大会ではパラリンピックの成功こそが重要であり、それがその後の日本にとって本当に大切なことだと思っています。

　パラリンピックのシンボルマークは「スリー・アギトス」と呼ばれています。アギトスとは、ラテン語で「私は動く」という意味です。赤・青・緑の3色は、世界の国旗で最も多く使用されている3色ということで選ばれました。中心を取り囲むように位置する3色の曲線は「動き」を象徴したもので、世界中から選手を集わせるというパラリンピックの役割を強調しています。

　2020年パラリンピックでは22競技537種目に、過去最多の参加国・地域から障がいを持つ選手が参加し、また観客として日本にやってきます。車いすの方や視覚障がいの方が、空港から電車に乗ってホテルや旅館に行けるか、エレベーターやトイレのスペースは十分かなど、過去の

大会の経験も生かしながら、公共交通やターミナルにおけるバリアフリー化、バリアフリーマップの作成や案内サイン・ピクトグラムの統一、ユニバーサルデザインタクシーの導入など、東京大会を契機として、わかりやすいインフラのバリアフリー化を進めています。

　このように環境は変わってきている一方で、より重要となるのが個人個人における意識の改革です。現在、日本の身体障がい者の7割は65歳以上だということが統計でしめされています。今健康だからといって、将来的にも障がいと無関係ではすまされません。2025年には団塊の世代が75歳以上の後期高齢者になります。これからの日本に必要なのは、「心のバリアフリー」です。障がい者だけでなく、高齢者やベビーカー利用者にも、誰もが自然に手を差し伸べ、気持ちよく過ごせる社会を築けば、日本は世界から尊敬される国になるでしょう。

　大学のゼミ、講義などに障がい者アスリート、選手の育成や支援に関わる方々に参加してもらうことがありますが、彼らに接した学生たちが「障がい者スポーツとそれを支えるボランティアの重要性」を肌で感じる様子がいつもヒシヒシと伝わってきます。

　私は、学生、市民の皆さんに2020年の東京オリンピック・パラリンピックが他人事ではなく、どのような形であれ自身が関わっているという認識を持っていてほしいのです。同時に、困っている人がいれば、例えば視覚障がい者の方が道で立ち止まっていれば、自然と手助けできるような人間を育てていきたいと考えています。

　本書を通じて、パラスポーツとボランティアの魅力を感じ取っていただくことができれば幸いです。それはきっと、日本における心のバリアフリー、共生社会の実現に貢献し、パラリンピックが終わっても、後世までずっと続く大切な日本の宝物になると信じています。

もくじ

1

はじめの一歩

パラスポーツ・ボランティアのすすめ

松尾哲矢

立教大学コミュニティ福祉学部教授

いま、スポーツボランティアが熱い

　2020年東京オリンピック・パラリンピック競技大会の大会ボランティアには、8万人の募集に対して、2倍以上の約20万5000人の応募がありました。そして大会スタッフ・ボランティアを「FieldCast（フィールドキャスト）」、都市ボランティアを「CityCast（シティキャスト）」として大会の一翼を担う「キャスト（配役）」と称しました。

　2012年に開催されたロンドン大会では、大会ボランティアと都市ボランティアの合計で7万8000人が活躍しました。大会ボランティアは「ゲームズメーカー」、ロンドンの都市ボランティアは「ロンドン・アンバサダー」と称されました。また、2016年に開催されたリオ大会では、大会ボランティアとして約5万人が活躍しました。

　オリンピックでのボランティアとして一般の希望者が参加できるようになったのは、1948年のロンドンオリンピックからですが、近年、

益々増加していることがわかります。そして、2020年東京大会が最も多くのボランティアが活躍する大会となっています。

ボランティアは いまや日常的なものに

　笹川スポーツ財団が2018年に実施した調査によれば、過去1年間でのボランティア活動参加者の割合は21.7%（内、スポーツボランティア活動参加者5.4%）と2割を超えています。また、全国の社会福祉協議会において把握しているボランティアの人数は、2017年4月現在、706万8403人と、700万人を超え、ボランティア団体数は、19万3608と19万団体を超えています。

　さらに、内閣府が2015年に実施した調査によれば、ボランティア活動に関心があると回答した人の割合は、59.6%と約6割にのぼっています。これらの数値は、日常生活におけるボランティア活動が、もはや一種のブームというよりも、生活上、一般的な活動として根付きつつあることを示しています。

変わる「ボランティア」の キーワード

　日本における従来のボランティアのイメージは、「社会奉仕」「自己犠牲」というキーワードが示すように、自己を犠牲にして世のため、人のために尽くすというものでした。そのためボランティアは極めて価値高い活動として評価されるものの、その一方では、何か特別な行為、近寄りがたいものというイメージがあったことも事実です。また村落社会に

おいて狭い範囲での相互扶助として行われていたボランティア活動（たとえば、道路清掃活動、冠婚葬祭、地域運動会等に関する支援活動）は、住民の自発的意思に基づいてというよりも、やるべき事柄が先に決められており、半ば強制的に参加するべきものといった偏狭な社会奉仕感によって支えられてきたといっても過言ではありません。

　ところが、社会的な価値意識が「もの」の豊かさを求める時代から「こころ」の豊かさを求める時代にシフトするにつれ、ボランティアに対する意識に変化がみられるようになりました。よりよく生きるという視点で、社会が抱える諸問題に対して積極的、能動的に取り組み、関わりたいという意識を持つ人が多くなってきたのです。それに伴ってボランティアに対するイメージも変わりつつあります。

　のちほど詳しく触れますが、ボランティアのキーワードは「自発性」「無償性」「社会性（利他性）」とともに「相互性」がより重視されるようになってきました。

　従来の地縁や血縁、あるいは社縁を契機とした半ば強制的な活動ではなく、少しでも人のためになりたいというエネルギーに基づいて、自発的に自らで行いたいものを選択し、積極的、能動的に社会や個人に関わっていくことに力点が置かれるようになったのです。

本書の目的と構成

　本書が目指すものは、2020年東京パラリンピックのレガシーとしてパラスポーツ・ボランティア文化を育むこと、もって共生社会の実現に向けて動きだすことです。

　パラスポーツとは、パラリンピック種目も含め広く障がい者を対象としたスポーツを意味します。そして、パラスポーツ・ボランティアは、スポーツボランティアの一領域であり、パラスポーツの重要な担い手と

いえます。

　パラスポーツ・ボランティアを考える上で、パラリンピックの考え方やあり方は大きな影響をもちます。その意味で、2020年東京パラリンピックの意味と可能性を見ておく必要があります。

　ここで、パラリンピックに着目する意味について触れておきたいと思います。

　日本は、経済発展や物の豊かさを追求する「成長社会」から、精神的な豊かさや生活の質を重視する「成熟社会」への扉を開きました。

　成熟社会のあり様を示す言葉として「共生社会」があります。一部の人のためではなく、すべての人の尊厳が守られ、多様な個性と価値観が尊重され、共に豊かに生きることができる社会のことです。

　言葉だけではなく、共生社会を実感できる社会はどうすればできるのでしょうか。

　「パラリンピック成功なくしてオリンピックの成功なし」という言葉を耳にします。それはパラリンピックがオリンピックと比較して目立たないからでしょうか。そうではなく、パラリンピックがスポーツの祭典であるだけではなく、これからの共生社会のあり様を示す、あるいは、その決意と取り組みを示すマイルストーン（標石）になるからだと思います。

　つまりパラリンピックがこれからの共生社会の可能性と課題を見せてくれる「鏡」にもなるからです。

　少し踏み込んでみてみます。

　日本は、1960年代以降、高度経済成長を通して成長社会を形づくってきました。成長社会の特徴はさまざまですが、「追いつけ追い越せ」を合言葉として、いかに勝ち組になるかということに皆が執着すると同時に、少なくても負け組にならないように、人と同じような物を持ち、同じような生活をしたい。その流れのなかで国民総中流意識が生み出されてきたのです。

　少なくとも人と同じような物を持ち、同じようにふるまっていれば、

馬鹿にされることはない。人と一緒であることに安心感をもち、逆に人と違うこと、人と違うと見られてしまうことに不安をおぼえる社会であったともいえます。

　成熟社会にはいると、精神的な豊かさや生活の質の向上が重視されるなかで、「人と同じ」から「自分らしく」へ、各人各様、自らが描く豊かさと生活の質を求めることができる社会への扉が開かれました。自分らしく生きることが社会的に許容されることは自由の拡大という意味ではよいのですが、その一方で、本当に自分らしく生きるとはどういうことなのか、いまの暮らし方でいいのか、いまの自分の生き方でいいのか、尽きせぬ問い返し（再帰性）の中で不安を抱える時代でもあることに留意する必要があります。

　言い換えれば、成長社会の残像として、人との違いを表出することにおびえを感じながら、同時に自分らしく生きることが求められる。不安と窮屈さを感じる時代でもあるのです。

　それではその不安と窮屈さを乗り越え、自分らしく生きることはいかにして可能なのでしょうか。

　その条件はさまざま想定されますが、人は、人（社会）との関わりのなかで生きているという意味では、自分らしく生きることは、人との違いを認めることからしか始まりません。それが自分だけでなく、お互い認め合う、相互承認ができるかどうか、それが成熟社会の達成には不可欠です。1人ひとりの違いが相互に承認され、すべての人の尊厳が大切にされる共生社会の実現こそ、自分らしく生きることのできる成熟社会の実現の礎となるといってもよいかもしれません。

　パラリンピックでは、さまざまな障がいを有するアスリートが世界から集い、プレーを通して身体的な違いをあからさまに提示してくれます。そして、最高のパフォーマンスと感動を伴って、障がいが違いであるとともにその人の個性として立ち現われ、人との違いと承認、そして肯定を目の前で見せてくれます。

　人と違うことの相互承認と肯定、それが、自分らしく生きると言いながら人との違いを受け止め切れていない人を安堵させ、勇気を与えてくれるといってもよいかもしれません。

　パラスポーツをボランティアとして支えるとは、人との違いの承認と肯定に気づくことができる貴重な機会となるのです。

　そこで本書の前半では、パラリンピックに着目し、パラリンピアンはパラリンピックを通して何を見ているのか、サポーター（指導者・ボランティア・研究者）はパラリンピックとどう向き合い、評価し、創造しているのか、そして伝える側（メディア）はパラリンピックの意味と可能性をどう読み取っているのか、について見てみたいと思います。

　後半では、パラスポーツ・ボランティアに着目し、パラスポーツ・ボランティアの意義と可能性、文化としての広がりとその方法を整理します。そして、視覚障がい者（白杖ユーザー）と身体障がい者のなかでも車いすユーザーに対するパラスポーツ・ボランティア活動の実践方法について具体的に見ていきたいと思います。

［参考文献］

（公財）東京オリンピック・パラリンピック競技大会組織委員会（2019）発表資料

内閣府（2016）『平成27年度特定非営利活動法人及び市民の社会貢献に関する実態調査報告書』68ページ

（社福）全国社会福祉協議会（2018）『ボランティア人数の現況及び推移』

笹川スポーツ財団（2019）『スポーツボランティアに関する調査 2019報告書』3-12ページ

松尾哲矢（1997）「スポーツボランティアの原則と今後の課題」コーチングクリニック, 11（9）：78-80ページ

2020年 パラリンピック、 そしてその先へ

平田竹男
早稲田大学スポーツ科学学術院教授
内閣官房東京オリンピック・パラリンピック推進本部事務局長

1 世界で初めての2度目の パラリンピック

2020年の東京オリンピック・パラリンピックまでもうまもなくです。

うだるような夏の暑さの東京に世界から関係者含め大勢の方々が結集します。テロ対策、台風や地震など自然災害への備え、交通渋滞やバリアフリー対応など、やらなければならないことは沢山あります。

とくにパラリンピックの準備に焦点を当てると、大切な課題が浮き彫りになります。空港から選手村、選手村から競技会場まで、バリアフリー対応が不十分なところは、必要な整備をしていかなくてはいけません。公共施設での段差の解消、バリアフリー対応のトイレの整備、ホテルや旅館のバリアフリー客室の整備、外国の障がい者に分かるように多言語表示も欠かせません。

また、車いすの方は、身体が道路に近くなる分、体感温度がより高くなります。自律神経障がいのため、汗をかきにくい方もいます。暑さ対

策は、競技運営にも観客への対応にも、細心の注意が求められます。

　さらに、災害等が発生した場合の避難誘導はきめ細かな対応が必要であり、避難訓練に障がい者が参加するなどして万全を期する必要があります。

　世界で初めての2度目の夏季パラリンピックを開催する日本の責任は重要であり、以下、本番に向けた取り組みについてご紹介します。

2　共生社会の実現

(1) ユニバーサルデザインの推進

　パラリンピックを契機として、すべての人々の社会参加と活躍の機会を増やすため、ユニバーサルデザインによる共生社会の実現を目指していきます（**写真1**）。

　共生社会の実現には、社会を取り巻くさまざまな制度の見直しが必要となりますが、その検討プロセスには当事者である障がい者の参画が必要です。2017年2月にユニバーサルデザインの行動計画を取りまとめた際には、18の障がい者団体等の参画を得て施策を検討しました。

　その際、会議室までの丁寧な誘導や介助者用の席の配置をはじめとして、きめ細やかな対応を心掛けました。関係府省庁において関連施策を検討していく際にも、こうした取り組みを広げていく必要があります。

(2) ユニバーサルデザインの街づくり

　共生社会の実現に向けた2つの柱として、「ユニバーサルデザインの街づくり」と「心のバリアフリー」を位置付け、対応を促しています。

　2019年11月に完成する新国立競技場は、世界最高のユニバーサル

デザインを実現しています。

　ホテル・旅館については、建築設計標準を改正し、通路の幅や浴室等の段差の解消など、バリアフリーに配慮した一般客室に関する規定を整備しました。また、50室以上のホテル・旅館におけるバリアフリー客室の設置数の基準を1室以上から客室総数の1%以上に見直しました。東京都では条例に改正により、一般客室の入口の開口部を広げ、トイレ

のドア幅を最低70cm、推奨規格75cm（容積率特例や手厚い補助金により促進）とするなど整備が進んでいます（**写真2**）。

　鉄道の駅については、2020年までに、1日に3000人が利用する駅は、全国ですべてバリアフリー化します（**写真3**）。また、山手線の内側の駅は全てバリアフリーになっています。

（3）心のバリアフリー

　ハード面でバリアフリーが進んでも、一人ひとりの意識が変わらなければ、真のバリアフリー社会とは言えません。

　そのため、駅エレベーターへの優先マークの貼り付け等を促進するとともに、接遇を行う交通、観光、流通、外食等の各業界においては、全国共通の接遇マニュアルも策定され、普及を図っています。

　また、学校教育において、障がい者も健常者も一緒に学習できる環境を整えるため、2020年から新たな学習指導要領が実施されます。これまで障がいのある児童は、体育の授業などでは見学せざるを得ないことが多かったのですが、今後は一緒に取り組める授業内容を工夫していくことが求められます。

（4）文化を通じた共生社会の実現（beyond2020プログラム）

　オリンピック・パラリンピックは、スポーツの祭典のみならず、文化の祭典でもあります。東京大会を契機とした文化プログラムを全国津々浦々にまで展開し、多様な文化の魅力を世界に向けて発信しています。

　政府では、幅広い団体が実施する文化事業を認証する「beyond2020プログラム」を実施しています（2019年10月11日現在1万3997件）。同プログラムでは、外国人の方にも進んで参加していただけるような多言語対応の推進や、障がい者にとってのバリアを取り除くための取り組みを取

写真2　ホテル・旅館におけるバリアフリー化がすすめられている

〈浴室〉

段差あり

段差なし

〈通路幅〉

大型の車いすに対応

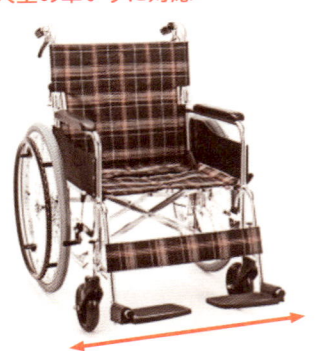

（JIS、ISOの最大幅70cm）

十分なドア幅の確保

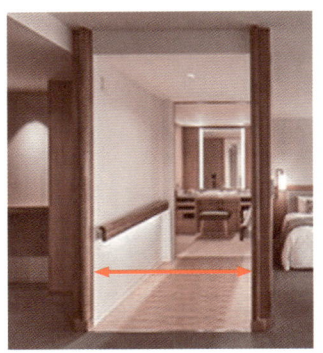

建築設計標準の改正 （2017年3月）	バリアフリーに配慮したホテルの「一般客室」設計標準を規定
東京都バリアフリー条例改正 （2017年9月施行）	客室入口のドア幅80cm、「一般客室」の段差解消 浴室トイレのドア幅70cmを義務化（努力義務75cm、容積率緩和、補助9/10）
車いす用客室数の基準見直し （バリアフリー法施行令改正、2017年9月施行）	（現行）1室以上→（改定後）1%以上 ※50室以上のホテル・旅館

写真3 ロンドン大会をきっかけに、ロンドンの鉄道では、車いすで単独乗降可能な駅をマップ化。東京でも同様の取り組みがすすむ

〈ロンドン〉

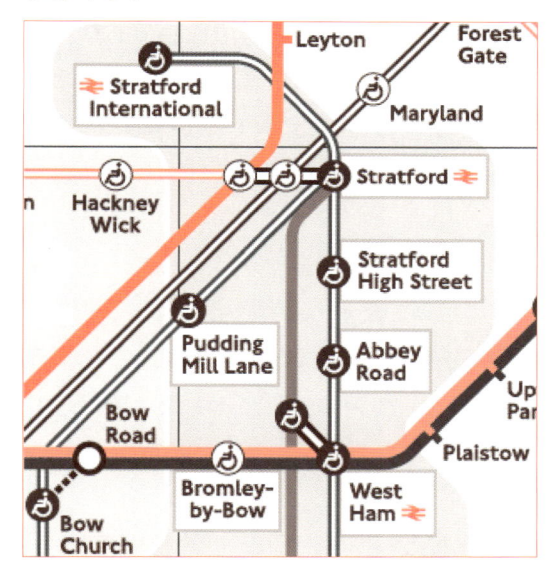

車いすで
ホームまで
乗り入れ可

車いすで
電車まで
乗り入れ可

全国の駅でもバリアフリー化がすすむ。写真は大阪市営地下鉄

改良前

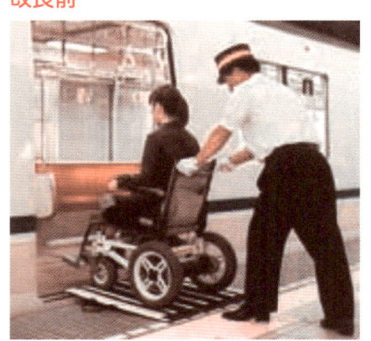

改良後

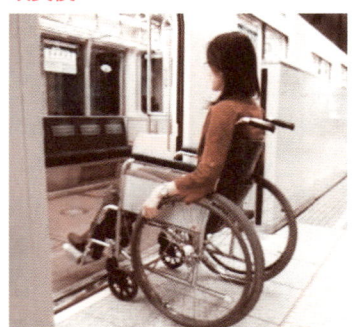

出典：大阪市交通局

り入れた事業・活動を認証しています。

（5）共生社会ホストタウン

　東京大会の開催は、海外の方との交流を深める絶好の機会であり、大会を契機に来訪する参加国・地域の方々との交流を通じて、地域の活性化を目指す地方自治体を「ホストタウン」として登録しています。2019年10月末時点で、392件登録しており、464自治体、156カ国・地域が参画しています。

　この一環として、パラリンピアンとの交流をきっかけとして地域主導での共生社会の実現に向けた取り組みである「共生社会ホストタウン」を設けており、2019年10月時点で37件を登録しています。このような特徴ある施策は大会後もレガシーとして将来に繋がるものと確信しています。

3　パラリンピックの競技力向上

（1）パラスポーツ選手を取り巻く環境

　パラリンピックの競技力向上の環境も大きく変わりました。ナショナルトレーニングセンター（NTC）は、2013年以前にはパラスポーツ選手には開放されていませんでしたが、東京大会の開催決定を契機に、2014年以降は使用が可能となりました。2019年9月にはパラリンピック選手強化に配意した「第2NTC」が竣工しています。

　また、パラリンピックの注目度を高めることも重要です。東京大会ではパラリンピックのライブ中継を行うことが予定されている競技は、実施22競技のうち19競技（21種別）となり、過去最高となっています。

最近では各種テレビ番組やCMでも、パラスポーツ選手が取り上げられるようになっており、国民の皆さんの熱い声援は、必ずやパラスポーツ選手の力となり、更に多くのパラリンピアンの活躍と今後のパラスポーツの活性化に繋がるものと信じています。

（2）「オリパラ」一体での取り組み

2020年オリパラ同時期開催に意義がある東京大会では、オリンピックとパラリンピックの一体性を高めていく必要があります。

その一環で、私は「オリパラ」という言葉を提唱し、普及に努めてきましたが、随分、浸透してきたと考えています。

そのほかにも、オリパラを一体として機運醸成を図る取り組みとして、オリンピックとパラリンピックのエンブレムを並べて1つにしたピンバッジの配布、オリパラのエンブレムを使用した2枚1組の自動車ナンバープレートの交付、パラ競技の記念硬貨の発行も初めて行っています（**写真4**）。

写真4 「オリパラ」の機運を高める取り組み。オリパラエンブレムピンバッチと2枚1組のオリパラ記念ナンバープレート

4 パラリンピックとともに

　ここでは、共生社会の実現やパラリンピックに向けた取り組みに焦点を当てましたが、大会を間近に控え、万全の準備をしていく必要があります。

　すべての大会関係者、観客及び国民が安心して大会を楽しむことができるよう、セキュリティの万全と安全安心の確保に向けた対策を進めています。

　アスリートや観客等の円滑な輸送を実現する対策として、2018年にオリパラ特措法を改正し、2020年に限り、海の日、体育の日をオリンピックの開会式の前日（7月23日）、当日（7月24日）にずらして土日と繋げて4連休に、また山の日を閉会式の翌日（8月10日）にずらして土曜日からの3連休にしました。また、首都高速道路は夜間料金の半額割引、昼間料金の1000円上乗せなどを導入し、都心への車の流入を調整します。

　暑さが厳しい時期の大会であり、アスリートや観客への暑さ対策もまだまだ必要です。さらには、「復興オリパラ」として、被災地と連携した取り組みを進め、被災地が復興を成し遂げつつある姿を世界に発信していきます。

　オリパラのバトンは、2022年の北京、2024年のパリ、2026年のミラノ／コルティナ・ダンペッツォ、2028年のロサンゼルスへと引き継がれます。彼らは、共生社会の実現やパラリンピックの発展に向けた我々の取り組みを注意深く観察しているに違いありません。残された期間、全力で準備を進め、日本の仕組みを世界のスタンダードとしていきたいと考えています。

2

ボランティア体験を語る

2-1 大会ボランティアの魅力

堀池桃代
2016年リオデジャネイロ大会ボランティア

ボランティア参加の経緯

　私は、2016年にブラジルのリオデジャネイロで行われたオリンピック・パラリンピックに、ボランティアとして参加しました。当時、大学3年生だった私は、ちょうどこの年にブラジルのサンパウロ大学に留学しており、滞在中にオリパラがブラジルに来るということに運命のようなものを感じ、絶対にこの大会に携わりたいと強く思いました。そこで何とか伝手を頼り、ボランティアの責任者に直接熱意を伝え、交渉し、やっとのことでオリンピックの公式ボランティアの面接まで漕ぎ着けました。そして、国際ボランティア担当者とのスカイプ面接（英語とポルトガル語）を経て、ボランテイア参加が決まりました（**写真1**）。

大会ボランティアの仕事

オリパラ期間の約2カ月を通して私が担当した業務は3つです。

まず、開会前の1週間は、世界から集まるメディアの中心地である Media Press Center（MPC）で、各国のジャーナリストの受け入れ業務を行いました。

開幕後は、アスリートのメディア通訳を担当しました。通訳には医療サポートや会場案内などいろいろありますが、私が担当したのは、試合後に会場から出て来た選手たちを囲んで行われるメディアインタビュー

写真1

リオのパラリンピック会場で。

写真2

準決勝戦後、キャプテン桑水流選手にインタビューしているときの様子。

の通訳です。私は、女子バスケ、女子・男子７人制ラグビーの日本語・ポルトガル語間通訳を行いました。最初は女子バスケのみの担当でしたが、日本人通訳の人出が足りずパーク内の色々な所に呼ばれ、後半は３つの競技を掛け持ちし、大変忙しくなりました。

　とくに盛り上がったのは、７人制ラグビーの試合です。世界中の誰もが、ここまで日本が勝ち上がることは想像しておらず、強豪国を相手に善戦を続ける日本選手団への世界中からの声援は大変なものでした。日本人選手の得点や好プレイのたびに「Amazing!!!!!　あとであの選手に質問したいから、背番号と名前メモしといて！」と声をかけられ、日本チームの活躍を喜ぶと同時に、「これがオリンピック！　自分はいま、その中にいるんだ！」と心が躍りました。

　写真2はメダルがかかった３位決定戦で敗退した直後の１枚です。この試合を最後にキャプテンの桑水流選手は引退を考えておられたらしく、チームに対する思いや、勝てなかった悔しさを涙を流しながら語ってくださいました。それを聞いて私自身も胸が熱くなり、インタビューしな

がらぼろぼろと涙を流してしまいました。さらに、この試合後、もう1つ感動的な場面に立ち会うことができました。試合が終わり肩を落としているように見えた選手の皆さんですが、メディアインタビューを終え、会場の外に出てきたキャプテンを出迎えたあと、円陣を組んで『上を向いて歩こう』を合唱し始めたのです。この光景を見て全身に鳥肌が立ち、素顔の選手たちの明るさや潔さ、チームへの愛を目の当たりにして、私も日本人であることを誇りに思いました。このような数々の感動と興奮を選手の間近で感じることができるのは、ボランティアならではのことだと思います。

　3つ目は、パラリンピックでのメディア通訳です。パラリンピックには、同じ立教大学の学生（同じ学部、同じ学年）の若杉 遥さんが、ゴールボールの日本代表として出場されました（**写真3**）。もともと大学の授業があっ

写真3

ゴールボール女子日本代表の若杉選手とミックスゾーンで握手しているときの写真。

たのでパラボランティアは申し込んでいませんでしたが、若杉さんが出場されることを知り、「同級生が出るから絶対にゴールボールでのサポートをしたい！」とオリンピックの上司に頼み込み、調整してもらいました。地球の裏側の世界大会で、同級生が戦っている姿をこの目で観て応援し、通訳もできたことは、忘れられない思い出になりました。日本が誇るパラリンピアンの若杉さんですが、現地で私も立教生ですと伝えたところ、帰国後に一緒に女子会をするような友人になることができました。

ボランティアをしてよかったこと

　まず、世界の一流アスリートを目の前で見て応援できること。そしてオリパラの成功に内側から貢献するという感動と高揚感を味わえたこと。世界中から集まる仲間とチームで働く経験ができたことなどです（**写真4**）。そこでできた仲間とはいまも繋がっていて、「東京大会でもボランティアがしたい！」「桃代の家に泊めてね！」と声をかけてくれる友人がたくさんいます。

　そして私にとってもっとも大きかったのは、ボランティアをしたことにより、パラアスリートに対する意識が変わったことです。パラスポーツのダイナミックさと、パラアスリートのかっこよさに圧倒され、それまであった「手伝いたい、サポートがしたい」という思いが、「一緒に働きたい、一緒に何かを作り上げたい」という思いへと変わりました。また、ボランティアを通じ、パラアスリートと直接関わることが多かったからか、その後、まちで障がいを持った方にお会いしても身がまえることなくお手伝いができるようになりました。

　帰国してからも、オリパラへの思いはどんどん強くなっていきました。大学ではオリパラ関連の授業を受講し、リオでお会いしたスポーツライ

ブラジル、トルコ、イタリア、カナダ…世界中から集まったボランティアの仲間たちと。

ターの方を招いた講演会も企画しました。また、ブラジル人選手が来日したときのアテンドや通訳サポートなどの機会もいただくようになりました。

終わりに

　ボランティアをやる前とやった後では、必ず何かが変わります。興味を持ったら、とりあえずチャレンジしてみることが大切だと思います。また、チャレンジして終わりではなく、そこからどう次の行動につなげるか、何を得ることができるかは自分次第だと思います。

パークの入り口にあったポスター "A OLIMPĪADA TRAZ MAIS DO QUE SŌ A ORIMPĪADA"。

"A OLIMPĪADA TRAZ MAIS DO QUE SŌ A ORIMPĪADA"。これはパークの入り口に大きくかかっていたポスターの言葉です（**写真5**）。ポルトガル語で、「オリンピックはオリンピック以上のものをもたらす」という意味です。こんな素敵な大会が2020年に東京に来ます。ボランティアとしてかかわり、皆で東京2020を盛り上げ、楽しみましょう。

2-2 都市ボランティアの魅力

明石光子
2020年東京大会都市ボランティア

　私がボランティアやガイドを始めた大きな理由の1つは、外国の方とお話をし、異なった文化を知りたいということでした。外国の方とお話をしますと、コミュニケーションを通じて、文化の違いあるいは考え方の違いというものが、本当に間近にわかってくるのです。

　でも最初のころは、本当にどうやってご案内したらよいのかわからず、戸惑うことばかりでした。与えられたマニュアルをしっかりと覚え、全部話そうと思って張り切り過ぎてしまうのです。実力以上のことはできないのですが、ついうまくやろうとか、変な色気を出してしまうのです。そうすると、必ず失敗します。それではいけないと、失敗を糧に、次のゲストさんの目をキラキラと輝かせるようなご案内ができたらいいなと思って取り組んできました。

感覚の違いを理解して

　私は、ガイドブックにないような話題を少し入れたりします。たとえば、台湾の方にお会いしたときに、日本人でマスクをする方には4種類ありますと、案内します。1つ目は風邪をひいた方、2つ目はアレルギー症の方、3つ目は用心深くてウィルスなどをキャッチしたくない方、そして4つ目は、若い女性によくあるのですが、朝あまり早く起きられなくてお化粧をする時間がなく、すっぴんで出掛けることになったので、できるだけ大きなマスクをするという方です、と。そうすると台湾の方は、4つ目の場合、台湾の女性は、日本や韓国から輸入した真ん中に切り替えの線が入ったマスクを付けますと話してくれました。そのマスクだと、横から見ると鼻が高く見えるのだそうです。なるほど、いろいろあるなと思いました。

　こんな話を聞いたこともありました。会席料理を召し上がったお客さまに、どうでしたかと尋ねたときのことです。私は、おいしかったという答えが返ってくると思っていたのです。ところが、ゲストの方々が食べ終わると、「失礼いたします」とすっとドアが開き、何か監視カメラが付いているみたいだった、と話されたのです。私はびっくりしました。日本のおもてなしというのは、お客さまをお待たせしない、ちょうどこのぐらいの頃合いであの一品を召し上がるだろうと見計らって「失礼いたします」とふすまを開けるのですが、外国の方にとってはそれが見張られているようで不気味だったのです。海外の方の感覚と、私たちのおもてなしの感覚は違うのです。ですから、意図しないことで誤解を受けない、あるいは与えないということが、ボランティアをするときにとても大切なことではないかと思いました。

いろいろな引出しを持つ

　本当に実力以上の力は出ません。英語でお話をしようと思っても、日本語で言えないことは当然英語でも言えません。ですから、いろいろな引き出しを持っていることが大切です。

　たとえば、アメリカの方は建国前の18世紀以前のことにはあまりご興味がありません。人気のある浅草で浅草寺の本坊である伝法院をご案内する際、その再建は1777年と非常に覚えやすい年代なのですが、アメリカの独立宣言の翌年にできた建物だという解説をしますと、アメリカの方の目はキラリと光ります。縄文時代や弥生時代などをお話しても、彼らにとってはちんぷんかんぷんになってしまうのです。相手のお国の方に合わせてお話をして、少しでも身近に私たちのことを考えてくださるようにボランティア活動ができたらと思っています。

　ですから、そのときの日本史だけお話をするのではなく、同時代の世界に目を向けてみましょう。たとえば、1603年という徳川幕府が開かれた年も、イギリスにとってはエリザベス1世がちょうど亡くなった年です。また、シェイクスピアも非常に活躍をしていたころで、ガリレオもいました。そのように、世界に目を向けると、アメリカ、イギリス、イタリアなどの方々も日本の歴史について興味を持ってもらえます。ばらばらの点であった知識が線になり、それが面になりますと、持っていた知識が生きてくるのです。そのような知識として引き出しにしまっておき、さらに引き出しの数を増やしていけば、今日のお客さまにはどういう引き出しを使っておもてなしをしようか、と楽しくもなり、押し付けではないおもてなしができるようになるのです。

都市ボランティアの役割とは

　都市ボランティアは、大会場には入れませんし、オリンピック・パラリンピックを手伝うという意味では地味かもしれません。ですが、お汁粉を考えてくださると分かりますが、甘いばかりではだめで、お塩がないとおいしくないのです。都市ボランティアはそのお塩の役目です。大切なお塩の役目をするわけですから、ぜひ応募して、楽しい都市ボランティアをしてくだされればうれしく思います。

　私も都市ボランティアのほうに応募しました。日ごろからいろいろ蓄えた知識を少しでも多くお話できるように、そしてそのご案内した方々が「知ってる？　今日こういうことを知ったの」と、夕食の話題にしてくださるようになればいいなと思っています。いままで知らなかった新しい知識を得ると、それをだれか人にも伝えたいという気持ちになります。ですから、夕食のときや、あるいは次にお友だちと会ったときに、そこでの会話の話題として上るようなご案内ができたらいいなと私はいつも思っているのです。

　そのためには、やはりさまざまな知識を引き出しに蓄えることが必要です。私はNHKの『歴史秘話ヒストリア』や『英雄たちの選択』などの歴史番組をビデオに撮ったり、メモを片手に観たりています。メモを取りながら観るとのちのち役に立ちますし、また、得た知識を一度お客様に話しますとそれが定着します。やはりお話をすることにより、お客様の反応も加わり、自分の知識がますます深まっていくということがあります。それも1つの楽しみでもあります。そういうことを心掛けて皆さまもボランティア活動に生かしてくださったらいいと思います。

まずはチャレンジを

　いろいろお話しましたが、参加してみないことには本当の良さはわかりません。東京オリンピック・パラリンピックがあるということは歴史的なチャンスですので、ぜひこれを見逃さないでください。大会ボランティアあるいは都市ボランティアに貢献してくだされば、さぞかし素晴らしい東京大会が実現できると思います。お金では買えない経験をすることができます。やってみなければわからないのです。

　そして英語力は確かに必要ですが、日本語の知識があり、いわゆる口だけ笑って目が笑わない怖い笑い方ではなく、しっかりと満面の笑みで接してくだされば、少々言葉が通じなくても大丈夫です。それよりも、本当にあなたがいらしてくださってありがとう、私たちはしっかりと心からおもてなしをしますという気持ちで接してくだされば、どんな国の方にも通じます。いろいろと考えないでまずはチャレンジしてください。会場でお会いできますことを楽しみに待っています。

スポーツ ボランティアの 魅力

伊藤数子

NPO法人STAND代表理事
(公)東京オリンピック・パラリンピック競技大会組織委員会顧問

パラスポーツとの出会い

　少しだけ最初に私自身のお話をします。電動車いすサッカーという競技があります。バスケットボールぐらいのコートを使用し、4対4で大きなボールを使って行います。筋ジストロフィーや脳性まひなど重度障がいの人たちが多い競技です。

　私はこの競技を2003年に初めて観ました。サッカーですので、エキサイティングで、すごく面白かったです。私はそのころ金沢に住んでいました。その大会は地区大会。応援していたチームが優勝しました。全国大会は大阪。しかし選手の中に大会に行けない人がいました。障がいが原因で体調が悪く、主治医が外泊を禁止したからです。そのようなことがあるのだと思いました。なんて悔しいことでしょう。

　そこで、いろいろな人に協力していただいて、全国大会をインターネットで生中継しました。大会に行けない選手に観てもらいたいと思ったからです。体育館のロビーにモニターを置いて、皆さん生中継を観て

くださいと、呼びかけていました。すると、向こうから大柄な1人の男性が私たちの前にやって来ました。そして「おまえら、障がい者をさらし者にしてどうするつもりだ」とロビーに響き渡る大きな声で言ったのです。私たちはとにかく驚き、腰が抜けました。その男性はその一言だけを言って、行ってしまいました。

とんでもないことをしてしまったのではないかと思いました。さらし者にしたと言われたのですから。さらし者とはどういう意味か調べました。辞書には「さらし者とは人前で恥をかかされた人」とありました。

すると気持ちは驚きからだんだん怒りに変わりました。大リーグの大谷選手が世界中に生中継されても、誰も大谷選手がさらし者になっているとは言わないのに、電動車いすサッカーの選手だとどうしてさらし者と言われるのだろうか。ものすごく大きな違和感を覚えました。

障がいのある人がスポーツをしている姿を観せると、人前で恥をかかせたという社会的な見方があるから、あの男性はそのような表現をしたのだろうと思うと、社会そのものにおかしいところがあるのではないかと思いました。

それなら、パラスポーツはもっといろいろな人に知ってもらったほうがいい。多くの障がいのある人がスポーツをしていることが社会にどんどん広がっていったら、さらし者と言う人がいなくなるかもしれないのではないかと考えました。

パラスポーツは、社会の課題を解決していくためのツールになるのではないかという思いがどんどん強くなり、よし継続していくぞと、NPO法人STANDを立ち上げました。2005年のことです。まずは、ウェブサイトでパラスポーツの情報を広く伝える、パラスポーツの体験会を開く、ことから始めました。

東京パラリンピック開催決定

　NPO法人STANDは、商品を売っているわけでもないし、電話番号を広く告知しているわけではないので、普段は知っている人からの電話か間違い電話ぐらいしかかかってきません。ところが、2020年のオリンピック・パラリンピックの東京開催が決定した2013年9月7日以降、すごい勢いで電話が鳴るのです。

　電話をくださった方たちが何をおっしゃっているかというと、「私はパラリンピックのボランティアをしたいのです。都庁に電話しても、国の機関に電話しても、それはまだ先のことで何も決まっていませんと言われてしまうのです。でも、私は準備をしたいのです。何をすればいいですか」「パラリンピックのことを勉強したい」「公用語のフランス語をいまから時間があるからやっておいたほうがいいかしら」という問い合わせです。

　これはすごいことだ、このような人たちがいるのであれば、私たちも動かなくては、と思って、2015年に始めたのがボランティアアカデミーという事業です。ボランティアアカデミーは、パラのボランティアをやりたい人に向けてパラの知識や障がいのある人との接し方などの講義と実技を行う講座です。

　プログラムはパラリンピックに出場経験のあるパラリンピアンと一緒にプログラムを作りました。パラリンピアンはパラリンピックを始めいろいろな国際大会に出場します。そこにはたくさんのボランティアの方たちがいます。その人たちがこのようなことをしてくれた。素晴らしかった、うれしかった、よかった。逆に、不愉快だった、違和感があった。そういう声もたくさん集めて講座に盛り込みました。パラリンピックやパラスポーツの大会、イベントでのボランティア活動を想定して、ボランティアスピリットやボランティアの知識、ボランティアの実技を

学んでいただく講座を作ったのです。

第1回目の講座は2015年の2月でした。その日は、視覚障がいの人をエスコートする実技を行いました。終了後、アンケートを実施しました。そこには、「講座を受けた2日後に、実際に町中で白いつえをついた人を見かけ、私は生まれて初めて障がいのある人に声をかけ、最寄り駅まで案内しました」とありました。

ボランティアアカデミーは、ボランティアをしたいという人たちに向けて企画・開講したものでした。しかし、受講した方に教えられました。これは、共生社会の一歩になるものなのだと。

この事業は、ボランティアスタッフをつくるのではなく、共生社会を目指すことが本当の目的だということが分かったのです。

パラリンピックが社会を変える

1964年の東京オリンピックのあと、東京パラリンピックが開催されました。日本人選手は53名出場しました。

その選手の方にお話をうかがいました。1人の選手は、事故で脊髄損傷になり、大分県の中村病院に入院していました。その病院の院長は中村裕先生で、日本の障がい者スポーツの父と言われる方です。1964年のパラリンピックも、中村先生が奔走されて実現したものです。

あるとき、中村先生が選手に言いました。「あなたは下半身が動きません。ですが、他には悪いところは一切ありません。ですから、パラリンピックに出てください」と。その選手はパラリンピック自体も知りませんでしたし、中村先生は一体何をおっしゃるのだろうと思ったそうです。でもそれから車いすバスケの練習をして選手として出場したのです。

出場したら驚きです。まず、アメリカ、カナダ、オーストラリアなど、いろいろな国から来た選手は、なんてアクティブで明るいのだろうと

思ったそうです。日本選手53人のうち、ほとんどの人が病院か施設で暮らしていました。当時は脊髄損傷になると寝たきりになり命が短かったのです。中村先生のご子息の中村太郎先生は「その一番の原因は生きる目的がなくなったことです。当時は、脊髄損傷になると、一生ベッドで寝て暮らすという人生が待っていると思われていました。生きる目的をなくすということは、命を短くすることなのです」と教えてくれました。

　でも、欧米の選手たちは何て明るくいきいきと生きているのか。日本の選手は彼らに聞いてみました。どれくらい練習するのですか。「週3日ぐらい練習をしている」。どこでしているのですか。「どこって、バスケは体育館でしょう」。体育館は病院にあるのですか。「いや、何で病院と聞くのですか。体育館は町の中にあるでしょう。そこに行っていますよ」。町の体育館にどうやって行くのですか。「車を運転していけばいいではないですか」。足が使えないのに車が運転できるのですか。「そうです」。それ以外の時間は病院で何をしているのですか。「ですから、何で病院と聞くのですか。僕は病院ではなく、家で暮らしていて、昼間は働いていますよ」。

　働くとは驚きました。まだ若い日本選手53名のうち、働いていた人はわずか数人でした。しかもその数人は自営業です。

　では、家では誰かが介助をしてくれているのですか。「介助の人はいません。できないこともいくつかはあります。でも、ほとんどのことを自分でできるから。私は妻と子ども2人と4人で暮らしていますよ」。

　結婚して、家族がいるということを聞いて、本当に彼らは驚いたそうです。障がい者の自立という言葉が、このときの日本人選手たちの頭の中に遺されました。

　レガシーという言葉をご存じでしょうか。未来への遺産という意味です。1964年にオリンピックがあって、新幹線ができたり高速道路ができたりして社会を変えていきます。1964年のパラリンピックでは、障

がい者の自立という言葉が遺されて、それが社会を変えていったのです。その翌年の1965年には、日本身体障害者スポーツ協会ができました。それまで日本の中では、障がいのある人がスポーツをするということは、ほんの一部を除いて誰も想像していませんでした。非常に新しい考え方が社会に入ってきたのです。

2020年東京オリンピック・パラリンピックが開催されます。東京開催が決まった2013年に国際オリンピック委員会のセミナーがありました。そこで最初に述べられたことは、「日本の皆さんおめでとうございます。開催が決まりましたね」という言葉です。東京ではありません。日本の皆さんとおっしゃっいました。

「オリンピック・パラリンピックは皆さんご存じのように、世界最高峰のスポーツの競技大会であると共に平和の祭典です。しかし、もっとも大切なことがあります。2020年をきっかけにして、この先の2030年、2040年、2050年、もっと先を、どのような社会にしたいかを、皆さんはしっかりと議論をして、そしてそれを行動に移す。そのためにオリンピック・パラリンピックはあるのです。私たちIOCは皆さんのお手伝いをします。その努力を惜しみません」。開催の意義とはそういうことでした。

オリンピック・パラリンピックの開催を契機に、私たちは社会を変えようとしています。パラリンピックを通して共生社会をつくろうとしています。オリパラは社会変革活動なのです。

共生社会とは

皆さんにとって共生社会とはどういうイメージですか。

私の時代、小学校、中学校、高校、大学でも、そして、町の中でも障がいのある人をほとんど見ませんでした。ですから、障がいのある人と

は、私たちが住んでいる社会とは別の、川の向こうの遠いところの人だと思っていました。とんでもないことです。私たちは共に生きています。たくさんのいろいろな人が一緒に生きています。人はそれぞれみんな違い、やれること、やれないことがあります。そういう人たちが一緒に生きているのです。

　ここからはスポーツを通して共生社会を目指すときに、ヒントになることをお話します。

　スポーツには「する」「みる」「支える」という3つの関わり方があります。「みる」というところをもう少し掘り下げてみましょう。

　スタジアムに関して、国際パラリンピック委員会が推奨環境を発表しています。例えば車いすの席の数は、国際大会は全体の0.5%、オリンピックは0.75%、パラリンピックは1〜1.2%の車いす席を用意してくださいとしています。実際はどうでしょうか。東京ドームは4万6000席あるのですが、車いす席は現在12席、0.02%です。日本で一番車いす席が多いのは、マツダスタジアムで0.43%。それでも推奨基準を満たしません。

　数だけではありません。席の質も大切なのです。野球には1塁側と3塁側があります。ホームチームの応援席は1塁側に、ビジターチームは3塁側にあります。車いす席が1塁側にしかないとしたらどうでしょう。ビジターチームのファンなのに、ホームチームのファンだらけの中にポツンと。どうやって応援しますか。外野にも内野にもセンターにも1塁側にも3塁側にも車いすの席があったらいいですね。

　そして、車いす席は、隣に介助者と表示された席が1席あります。一緒に見に行く人は、決して介助の方だけではありません。友人や家族など一緒に観戦したい人、それも複数のことだってあります。みんなで一緒に見たいですよね。それから、「介助席」ではなくて、コンパニオンシート、つまりお友だち席という言い方があります。このほうがいいですね。

まだあります。ホームランやサッカーのゴールの瞬間です。興奮して
みんな立ち上がりますよね。そのとき、車いすの人は、そのシーンを見
ることができません。いつも前の人が立ち上がってしまい、その人のお
尻しか見えないからです。前の人が立っても車いすの人が見えるように
席が設置されていたらいいですね。

スポーツを「支える」とは

2013年にスポーツ祭東京が開催されました。国体とその1カ月後に
全国障害者スポーツ大会が東京で行われたのです。STANDでは全国障
害者スポーツ大会の映像配信サービスのお手伝いをしました。そのとき
に、「ボランティアにもいろいろな障がいのある人に参加してもらいま
しょう」と提案し募集しました。

参加した大学生が言いました。この学生は重度障がい、脳性まひで日
常的に電動車いすで暮らしていて、24時間の介助が必要です。「大学生
になると、世界が拓けて、いろいろな経験をします。勉強だけではなく
て、アルバイトをしたり、海外旅行に行ったり、彼女ができたりと。友
達ができていて僕ができないことがあります。それはボランティアです。
いろいろなボランティアセンターに行くと、ボランティアをしてもらい
たくて来たとしか思われなくて、ボランティアをしたいと言ってもなか
なか話が通じない」。

ボランティアとは何か

では、ボランティアとは何でしょうか。答えは1つではありません。
皆さんの中で僕はボランティアをこう思う、私はボランティアはこうい

うものだと思うということを、ぜひこの機会に考えていただきたいと思います。

　1969年に『広辞苑』の第2版に初めてボランティアという文字が収録されました。その頃、奉仕活動という意味がボランティアという言葉に付与されました。本来の意味である「自発的に、自分が自分の意思で動く」よりも良い行いという意味が広まったようです。

　最近は少し変化してきました。自発性がボランティアの本質だと考える人が多くなっています。volunteerの語源をたどると、接頭辞はvoloというラテン語です。英語のwillと同じ意味です。また、volcano（ボルカノ）、つまり火山と語源が同じという説もあります。

　私はボランティアってこういうことだと考えています。火山みたいに、自分の中から噴き出してくる、湧き上がってくる気持ち、エネルギー。いても立ってもいられなくてそれを行動に移すこと、また行動する人。

　いかがですか。何かに向かって、自分の内から出るエネルギーをぶつけてみたいと思いませんか。それがボランティアの誕生の瞬間なのです。

3

パラリンピックを知る

パラリンピックを通して見えるもの

若杉 遥
ゴールボール女子日本代表

　私は現在、ゴールボール女子日本代表として活動をしており、これまで2度のパラリンピックと2度のアジアパラ競技大会に出場しました。成績としては、ロンドン大会で金メダル、リオデジャネイロ大会で5位、アジアパラ大会では金メダルを獲得することができました。

ゴールボールという競技

　ゴールボールは、視覚に障がいのある人が行う球技で、パラスポーツならではの競技の1つです。

　1チーム3人で、選手はアイシェードと呼ばれる目隠しをして、全く視力を失った状態で競技をします。重さ1.25kgのボールを転がし、得点を競い合う対戦型のスポーツです。視力を使わない代わりに、用具やコートにさまざまな工夫がされています。たとえば、ボールには中に鈴が入っており、転がると音がします。コートにはラインテープの下に糸が入っており、触ってわかるようになっています。競技中は、これらの

触覚や聴覚情報を頼りにプレイをしています。相手チームの情報は、声やボールの当たった音を聞き、相手の様子をイメージします。味方同士は、声を掛け合い、位置を確認したり、会話をして意思疎通をしているので、ぶつかったりすることはほとんどありません。

ゴールボールとの出会い

　私は、14歳のときに急激に視力が落ちて視覚障がい者となりました。中学時代はアイスホッケーや陸上競技をやっていたので、目が見えなくなって、もうスポーツなんかできないのではないかと、いろいろなこと

をあきらめそうになっていました。

　しかし、転校先の盲学校でゴールボールと出会い、考え方が少し変わりました。ゴールボールは見えていても見えなくても対等に戦えるスポーツだと教えていただき、魅力を感じました。

　実際にやってみると、見るのとやってみるのとでは違うと痛感させられました。どこからボールが来るのか、いつ自分に当たるのかなんて全然わかりませんでした。できなくて悔しい、もっとできるようになりたいと思いました。最初は、視力を使わずにコートの中を動く練習から始めました。練習していくうちに、自分がどれだけ動いたからコートのどこにいるのかということがわかるようになってきました。また、ボールの投げ方や止め方も、見れば一目瞭然なのですが、それはできないので、手取り足取り教えてもらいました。頭の中にイメージして、そのイメージと実際の体の動きを合わせていくような感じです。できることが少しずつ増えていき、ゴールボールのことがより好きになっていきました。

　この競技を続けることができたのも、最初にできなくて悔しいと感じたからだと思います。

ゴールボールの魅力

　初めて日本代表の合宿に参加させていただいたとき、とても衝撃を受けました。技術面でのすごさもそうなのですが、先輩方があたかも見えているように競技をし、コートを離れても見えているかのように日常生活を送っていたからです。

　当時の私は、コートの中でも自由に動くことができていませんでした。まして日常生活でも、壁や人にぶつかったりと危ない場面も多くありました。そのような私に、代表監督からは、「見えないからできないんじゃなくて、パラリンピック選手になるのであれば、見えなくてもでき

る工夫をしてできるようにするんだよ」と言われました。

　私も先輩みたいになりたいという思いが強くなり、練習に打ち込みました。見えなくてもできるようにする工夫というのは、競技だけではなく、普段の生活の中でも練習をしました。たとえば、歩いているときは、進んだ距離を意識して、何メートルくらいかなと考えたり、初めて行った場所ではどこに何があるのかという把握をして、1人で行動できるようにすることなどです。

　練習を続けていくうちに変化がありました。それは、見えなくても工夫次第でできることがたくさんあると感じられたことです。コートの中では、さらに自由に動けるようになり、プレイの幅も広がりました。すると日常生活でも場所の距離感を取ることが少しずつできるようになり、ぶつかって怪我をすることが少なくなりました。競技の練習が日常生活にもつながっていて、面白さを感じました。

　この競技はコートに入る3人が、自分の意志で自由にコートの中を動き回りながらプレイができることが魅力の1つだと思います。ですから、観戦をするときは、どこを狙って得点を取ろうとしているのか、味方同士でどのような声掛けをしているのかなどに注目していただけるとより面白く観戦することができるのではないでしょうか。

ボランティアの方々との関わり

　大会に参加すると、多くのボランティアの方々にお世話になっています。

　直接的な関わりは少ないのですが、2018年10月に開催されたアジアパラ競技大会では、実際にボランティアの方と交流をする機会がありました。現地の学生ボランティアの方が、日本のゴールボールチームに2名つき、そのボランティアの方が、通訳や会場内の案内などをしてく

ださり、一緒に活動をしました。だんだんと親しくなるにつれて、肩を貸して誘導してくれたり、話すことも増えて、とても楽しかったです。

　ボランティアとの関わりで一番印象的だったことは、堀池桃代さん（26ページ）とリオデジャネイロパラリンピックで出会うことができたことです。

　堀池さんとの出会いは、試合後のミックスゾーンでした。ミックスゾーンとは、メディアの方が選手にインタビューをするエリアのことです。そこで「若杉さん！」と呼ばれてインタビューに行ったときに、その通訳をしていたのが堀池さんでした。「私も立教大なんです」と言われて、まさかブラジルで母校の人に会えるなんて思ってもいなかったので、それだけでとてもうれしかったです。さらに、声を掛けてくれたことも、応援してくれている人がいるのだと思えて心強かったです。

　日本に帰ってきてから、大学で再会することができ、友だちになることができました。こうしてパラリンピックを通して、出会えたことはとてもうれしかったですし、人とのつながりを大切にしたいと感じました。

　オリパラのボランティアだけでなく、ゴールボールも大会の運営や、普段の練習などでサポートをしていただけるボランティアの方を募集していますので、興味があるとか、やってみようかなと思う人がいらっしゃいましたら、ぜひ声を掛けていただけるとうれしいです。

3-2 「可能性の祭典」としてのパラリンピック

「個人モデル」から「社会モデル」へ

河合純一

（一社）日本パラリンピアンズ協会会長
（一社）日本身体障がい者水泳連盟会長
（独）日本スポーツ振興センターナショナルトレーニングセンター副センター長

1 障がいをどうとらえるか

時計が見えなくても時間を知る方法はある

目が見えない人は時計が見えません。どうやってこれを確認するか、皆さんは考えたことがありますか。

いろいろな方法があります。私は今、Apple Watch という腕時計を付けています。これには時間を読み上げてくれる機能が付いています。さらに、画面をタップすると震えて時間を知らせてくれる機能もあります。このように時間を音や振動で知るという方法があります。

多くの人は目が見えないと時計が見えないから困るだろうと思ってしまう。本当にそうでしょうか。時間を知る方法は、目で見て時計を確認

する方法だけではないということ、そして同時に、目が見えることによって時計を目で見るという確認方法以外の方法を思い付かないという意味で発想が貧弱になっていること、この両面を考えていただきたいと思います。

　障がいがあるというと、ついマイナス面ばかりを考えてしまいがちですが、違う手段や方法に気付くチャンスを持っている人、という捉え直しが重要ではないでしょうか。

「個人モデル（＝医学モデル）」から「社会モデル」へ

　社会的にもマイナス面ばかりをとらえた考え方が残っていました。図1の「国際障害分類（ICIDH）モデル」を見てください。2001年以前は、障がいをこのようにとらえていたのです。私の場合を当てはめると、病気で目が見えないので機能・形態障がいにあたり、見えないので文字が確認できないという能力障がいがあるため仕事ができないとみなされ、したがって就職が難しいという社会的不利がある、ということになります。

　このモデルでは、私が職を得るのは難しいということになります。しかし、私には仕事をしているという現実があります。つまり、このモデルでは説明できない部分が出てきています。

　それでは、「車いすに乗っている方が、駅に到着した。そこには階段しかない」という場面を見たとき皆さんはどう思いますか。この方にとっての障がいは何でしょうか。病気や事故で足が動かないということが障がいなのか、車いすに乗っているということが障がいなのか、それともここに階段しかないということが障がいなのか。もしも、足が病気や事故で動かなくなったこと、あるいは車いすに乗っていることが障がいだと考えたのであれば、皆さんにとって、それはどうすることもできない状況にあるといえます。しかし、ここに階段しかないということが

図1 国際障害分類 (ICIDH) モデル (1980年)

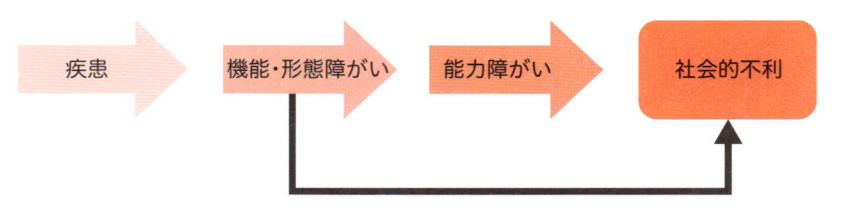

2001年以前
障がいのマイナス面のみをとらえた考え方

| 疾患 | 機能・形態障がい | 能力障がい | 社会的不利 |

障がいだと思ったならば、エレベーターを付けたりスロープを作っておけば、それは障がいではなくなる。

　障がいは、個人の側にあるのか、社会が生み出しているのかというところに着目していただきたいのです。障がい学の中では、これを障がいの個人モデル(＝医学モデル)と社会モデルというように分類しています。

　このように生活機能から障がいをとらえた考え方をしているのが**図2**の「国際生活機能分類(ICF)」の生活機能構造モデルというものです。これは国際障害分類モデルの図と比べると、矢印が両方向に付いています。つまり、健康状態、身体機能・構造、活動、参加、環境因子、個人因子などさまざまな要因はすべて相互に影響するということを表しています。

　環境因子がどのように影響するのか。たとえば、いま私はパソコンの画面を読み上げるソフトによってこのテキストデータを聞くことができています。それは今日のテクノロジーの進化によって可能になったことです。しかし、もし私が開発途上国にいて、お金がなくてパソコンもソフトも手にすることができなければ、どうでしょうか。生まれた時代や国によって影響を受けるわけです。

　とはいえ、個人因子というものも影響します。たとえば入社試験のと

図2　国際生活機能分類（ICF）の生活機能構造モデル

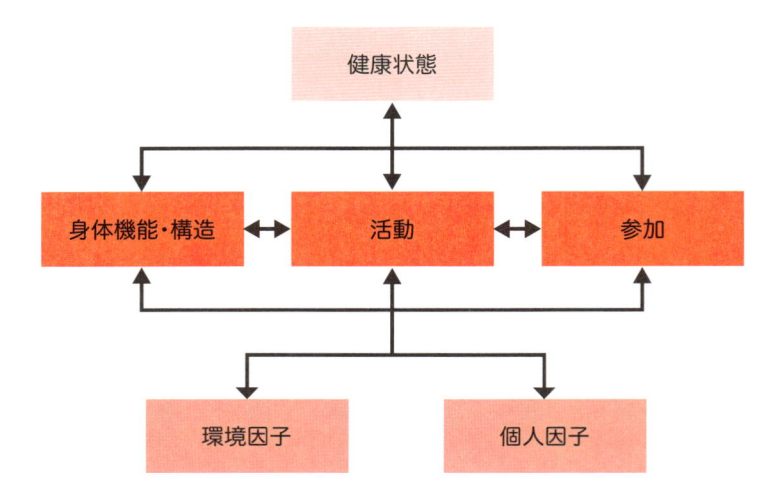

2001年以降
生活機能から障がいをとらえた考え方

健康状態

身体機能・構造　　活動　　参加

環境因子　　個人因子

きに同じ点数の人が2人いたとしましょう。1人はあいさつをしてコミュニケーションが取れそうだという人、もう1人はあいさつもせず非常にコミュニケーションが難しいという人、どちらを取るかはっきりしていますね。

人間は何らかの不自由さや不便を感じるときがある

　このモデルのもう1つ大きなポイントは、障がい者のためだけに作られたものではないということです。たとえば、妊娠をして出産をするような時期やベビーカーで小さいお子さんを押しているとき、車いすに乗っているような困難さに似た大変さがあるのではないでしょうか。あるいは、スポーツをやっている方でも、けがでアキレス腱を切ったとき、前十字靭帯を断裂したとき、不便な生活だったという経験があると思い

ます。

　つまり、一時的であれ、人間は何らかの不自由さや不便を感じる瞬間がありえます。それらをすべて包括して表すことができるものとして、国際生活機能分類が世界保健機関（WHO）から発表されて、現在はこれが障がいをとらえるうえでの国際標準となっています。

　改めて、障がいは個人の側にあるのではなく、社会が生み出すのだということを、パラリンピックを通じて理解していただけるようになることが、大きな目的の1つと考えています。

2 パラリンピックを通じて目指すもの

誰もが交ざり合う社会を作る

　パラリンピック競技大会を通じて本当に目指しているものは何か。それは、インクルーシブな社会、誰もが交ざり合っている社会を作ることが大切だということを、メッセージとしてうたっています。いまは当たり前だと思われていない価値観に触れて、誰もが生きやすい社会にスポーツを通じて変えることが、国際パラリンピック委員会（IPC）が目指しているものです。

　それを実現するために、IPCは図3のようなストラテジックプラン（2015〜2018）を作り、方向性を示しています。ゴールに向かってさまざまな要素を組み合わせて、究極のゴール、誰もが暮らしやすいインクルーシブな社会に向かっていくための戦略をしっかり持って進めています。

図3　IPCのストラテジックプラン

パラリンピック・ムーブメントが重視する、アスリートを主役に据えた4つの「**価値**」

[勇気]
パラアスリートはそのパフォーマンスを通して、肉体的限界に挑むことのすばらしさを世界に向けて表現する

[決意]
パラアスリートは、可能性の限界を塗り替えるほどのメンタルの強さ、身体能力、卓越した敏捷性などから生み出される比類のない強さを備えている

[インスピレーション]
ロールモデルとして、パラアスリートはその能力を最大限に発揮し、見るものを力づけるとともに、スポーツへの参加へとかきたてる

[平等]
スポーツを通して、パラアスリートは既成概念に挑み、変化をもたらし、障害者の社会的障壁ならびに差別を打破することでインクルージョンを向上させる

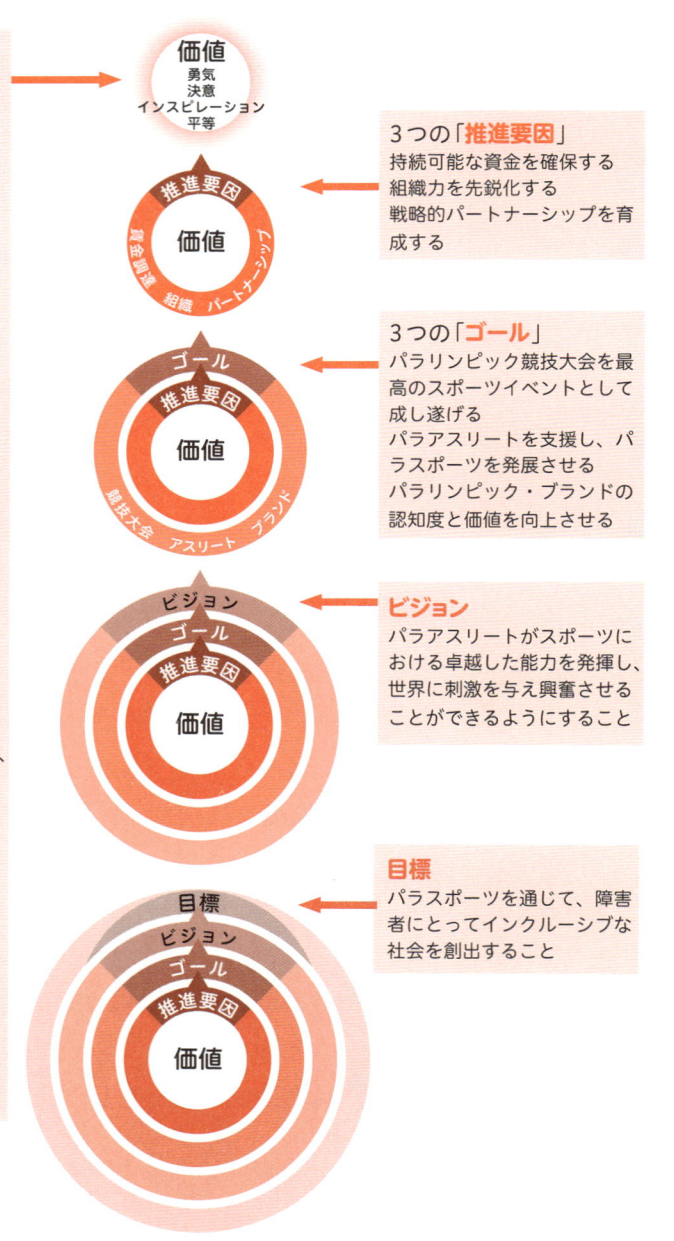

3つの「**推進要因**」
持続可能な資金を確保する
組織力を先鋭化する
戦略的パートナーシップを育成する

3つの「**ゴール**」
パラリンピック競技大会を最高のスポーツイベントとして成し遂げる
パラアスリートを支援し、パラスポーツを発展させる
パラリンピック・ブランドの認知度と価値を向上させる

ビジョン
パラアスリートがスポーツにおける卓越した能力を発揮し、世界に刺激を与え興奮させることができるようにすること

目標
パラスポーツを通じて、障害者にとってインクルーシブな社会を創出すること

アクセシビリティ

　インクルーシブな社会を目指すなかで、いま必要なのが、アクセシビリティという考え方です。何らかの不自由さ、不便さを感じている方、配慮が必要な方はどれくらいいるのでしょうか。国際生活機能分類で、妊娠や出産をされた方、あるいは高齢者の方々やけがをしている人たち等を含めると、地球上でいまこの瞬間に何らかの配慮が必要だと考えられる人は2割程度いるだろうと、国連や国際的な機関が言っています。

　アクセシビリティは、アクセスとアビリティが組み合わされて生まれてきた言葉です。ハード面におけるアクセシビリティもあれば、ソフトの部分でのアクセシビリティもあります。たとえば、私のように目が見えない人が、ホームページを見て情報を得るということはなかなか難しい。あるいは、新聞・雑誌・書籍等を読むときに、印刷された文字では読めません。こういったものをクリアするためにどうするかというと、たとえば著者や発行元がそのテキストデータを提供することによって、それを音声録音したものを無料でダウンロードして聞けるようにするというサービスもあります。このようにして情報のアクセシビリティが高まります。すべてのものにアクセス可能にしていくということが、すべての人々にとっての豊かさや生き方を考える上で重要だということになります。

　東京2020組織委員会は、国や地方自治体あるいはIPCとも連携をしながら「東京2020アクセシビリティ・ガイドライン」を作りました。たとえば、ホテルのエレベーターの大きさや廊下の広さ、あるいは駅のエレベーターの大きさなどを、数値の目標を示しながら日本を変えていく。それが当たり前になっていくことによって世界にも影響を与えていけるようにするということを目的に、「東京2020アクセシビリティ・ガイドライン」が作られ、広めているところです。

ユニバーサルデザイン

　それを考えるうえでの1つのポイントが、ユニバーサルデザインという考え方です。パラリンピアンたちが使いやすい選手村等は、オリンピアンにとっても別に困らないでしょうという考え方が、いまはだいぶ広まってきています。

　しかし、現状は、ユニバーサルデザインやバリアフリーという言葉が必要なくらい、世の中にユニバーサルデザインが少なく、バリア（障壁）であふれているからです。そのような言葉が必要でなくなる日が早く実現できるようにしたいと思います。

　先ほどお話しした時計もユニバーサルデザインの1つの例ですが、もう1つの例として、ヤマトホールディングスがヤマト運輸で宅配の不在通知に猫の耳の切り込みを入れているのも注目されます（**写真4**）。この耳の切れ込みがあると、目が見える皆さんにとって邪魔でしょうか。別に迷惑でも困ることもないでしょう。この切れ込みがあることによって、他の不在通知や他の書類と区別がつき、私のような視覚障がいの目の見えない人は、これはヤマトさんから今日何かが届いていたけれども、いなかったので受け取れなかったんだと気付くことができます。

　ささいなことかもしれませんが、ユニバーサルデザインとはそういうことなのです。誰にとっても良いものを目指すということ。それが100パーセントかどうかではないのです。何を重要としていくのかということ、ぜひ本質をしっかりつかまえていただきたいという意味で、例として出しました。

　ユニバーサルデザインの普及なども含めて、社会を変えていくという1つの手だてがパラリンピックにはあるということです。

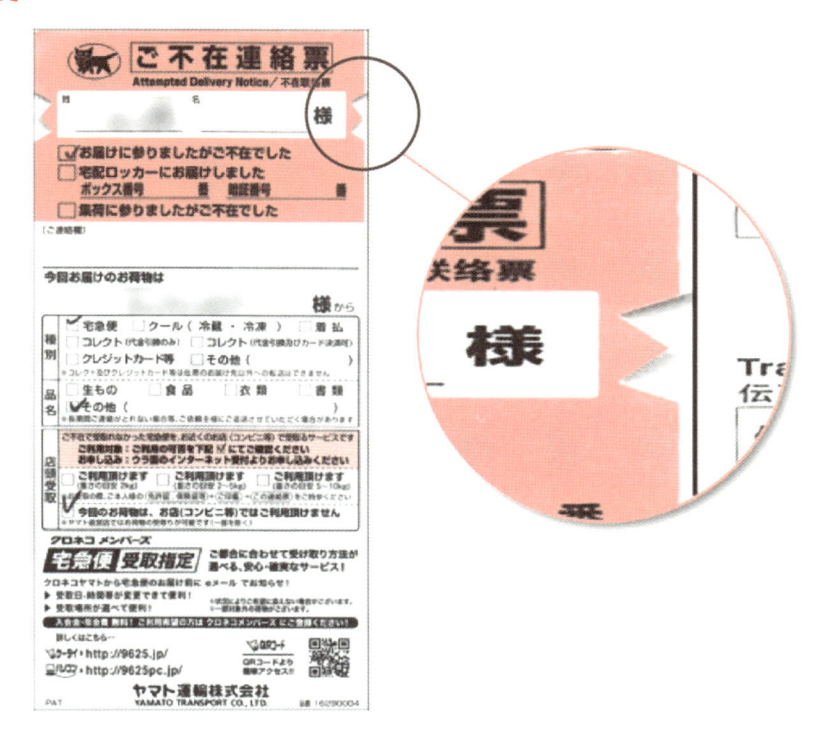

3 パラリンピアンを 取りまく日本の現状

スポーツにおけるバリア

いま日本においてどのようなバリア、障壁があるかということで、スポーツにおけるバリアをみていきたいと思います。ハード面のバリアとソフト面のバリアがあります。

たとえば、施設の利用を断られる。これはハード面です。設備的にそ

の施設が使えないという問題、そこに行くまでのアクセスの問題をもあると思います。

　あるいは、競技用の車いすや義足が高価で買えない、使えないという子どもたちもたくさんいます。たとえば、サッカーを始めるためにスパイクを買おうとする場合、安いもので5000円ぐらい、1万円も出せばいい物ですよね。ですが、車いすを買うとすると50万円です。義足が50万円。さらに成長したら1年後に替えなければならない。また50万円かかる。スパイクがぼろぼろになったから替えるといっても1万円。スポーツをするといってもそのようなバリアがあるのです。

　指導者、ボランティアの不足などはソフト面です。あるいは、視覚障がいの場合、1人で走るわけにはいきませんので、一緒に走ってくれる伴走者が必要です。

　あるいは、施設の管理者側の認識不足。ある水泳をやっている視覚障がいの方から聞かれました。東京都の障害者スポーツセンターが十条にあるのですが工事中で使えないので、他県のプールを借りようと思って公共のプールに行きました。視覚障がいの選手の場合、タッピング（写真5、6）といって、先に柔らかいボールのようなものがくっついている棒でぽんと頭をたたいて、壁ですよ、ぶつかるので気を付けましょうと知らせます。それを持ってボランティアの方と一緒に泳ぎに行ったら、そのような野蛮なものを振り回さないでくださいといって、プールの利用が拒否されたというのです。2020年にパラリンピックがあるというのにそのようなことも知らないのかと思いますが、これが現状なのです。

　もう1つお話したいことは、学校でよくある話なのですが、入学前に車いすの方が受け入れてくださいという話になると、うちはエレベーターはないし困りますとかいろいろなことを言うのです。でも、入学後に病気や事故で車いす生活になったらどうでしょうか。退学や転校してくださいとはならず、できることはやりますから何とかしましょうと大

写真5 実際のタッピングの様子

写真6 タッピング棒

体なるのです。入学前であれ、入学後であれ、車いす生活に変わりはない
いのですが、人の感情はそのようなものかなとも思います。だからこそ、
大切なのは、感情ではなくて、お互いにできることは努力するというこ
とが重要なのです。

　指導する側のプロとして、たとえばスポーツの指導者（コーチ等）や教
師もそうです。障がいがあるから、教え方が分からないからできません、
だから断りますということが本当のプロとしての務めでしょうか。教え

ることのプロだと自分のことを思うのであれば、どういう相手にもプロフェッショナルとして教えられるような引き出しを持ち、そのために学ぶ姿勢を持ち続けることが、指導者やそういう方々には必須の条件だと私は思っています。

　こういった心のバリアをどのようになくしていくかということも、大きなポイントではないかと思っています。

選手の現状

　ここで少し選手の現状を知っていただきたいと思います。リオデジャネイロパラリンピック前に日本パラリンピアンズ協会（PAJ）が行った調査結果を紹介します。困っていることとして練習場所の確保があります。徐々に一般のスポーツ施設等が増えてきていますが、パラリンピックに出ている選手でさえも5人に1人が、過去4年間の中で利用拒否の経験があるというのが日本の現状だということは知っておいていただきたいと思います。（**図7**）

　経済的な負担も多いです。実際、パラリンピックの場合は140万円程度、年間の自己負担があります。（**図8**）

　もう1つ考えていただきたいことは、パラリンピックに出ている選手たちの平均年収です。年収300万円から400万円ぐらいの選手もいます。そうすると収入のうち、生活費、たとえば家賃や食費などを抜いて、それ以外に競技を続けるために140万円かかるとなったら、貯金などできませんし、生活するのが精一杯です。

　また、かかっている金額だけで見るのではなくて、その人たちがそもそも持っているお金や得られるであろうお金まで見極めながら、こういった議論が進むべきではないかと思います。さらに、競技用の車いすや義足が非常に高価であり、その購入という問題も含めて、こういった大きな金額になってきていることがいえると思います。この金額が多い

図7 障がいを理由にスポーツ施設の利用を断られた経験、条件付きで認められた経験の有無（一般社団法人日本パラリンピアンズ協会「パラリンピック選手の競技環境 その意識と実態調査 報告書」より）

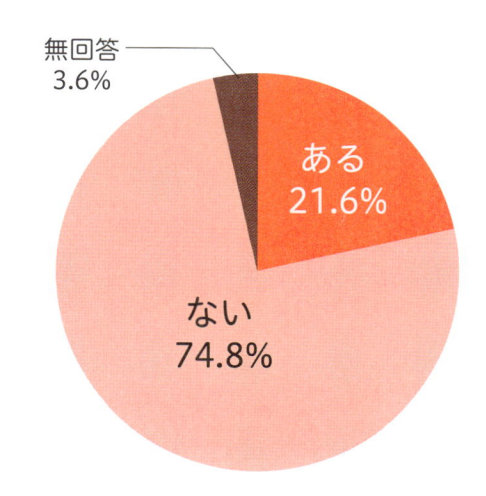

図8 年間個人負担額（一般社団法人日本パラリンピアンズ協会「パラリンピック選手の競技環境 その意識と実態調査 報告書」より）

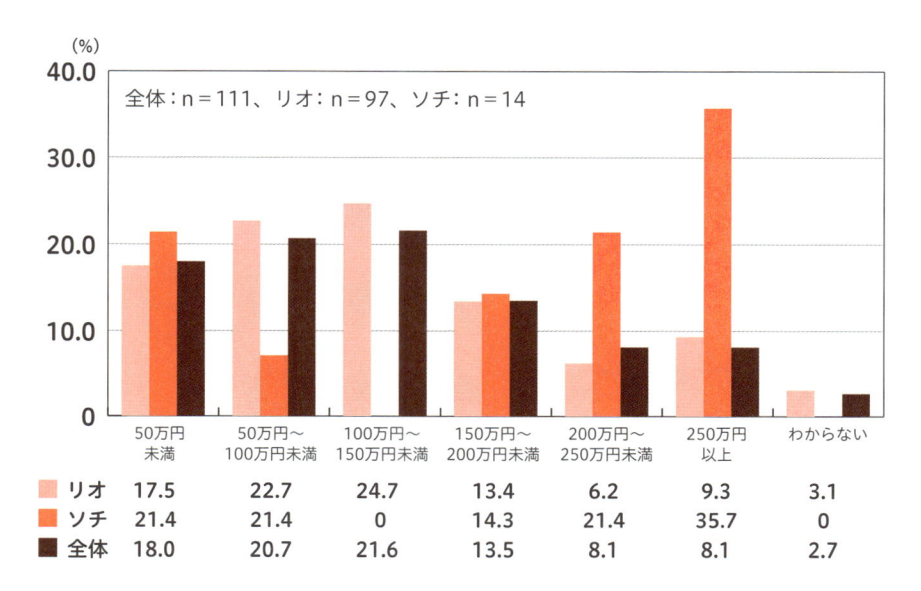

全体：n＝111、リオ：n＝97、ソチ：n＝14

	50万円未満	50万円～100万円未満	100万円～150万円未満	150万円～200万円未満	200万円～250万円未満	250万円以上	わからない
リオ	17.5	22.7	24.7	13.4	6.2	9.3	3.1
ソチ	21.4	21.4	0	14.3	21.4	35.7	0
全体	18.0	20.7	21.6	13.5	8.1	8.1	2.7

のは、卓球やテニスやスキーなど、やはり海外遠征をして世界ランキングのポイントを稼ぐということがいま必要になってきている競技が、平均を押し上げていると思っています。

4 スポーツには世界と未来を変える力がある

「多様性と調和」がパラリンピックの重要コンセプト

　東京2020パラリンピック競技大会のビジョンでは「スポーツには世界と未来を変える力がある」と言っています。3つのコンセプト「すべての人が自己ベスト」、「多様性と調和」、「未来への継承」。そして、史上最もイノベーティブでポジティブな大会を行うということをうたっています。とりわけ「多様性と調和」はパラリンピックに大きな力があると思っています。

図9　東京2020エンブレム

エンブレムは、3種類の四角形が15枚ずつ45枚で組み合わされた日本の伝統的な図柄の1つである組市松紋になっています（**図9**）。この制作者の野老朝雄さんは「3種類の四角形、これはまさに多様性と個性を表している。これらを組み合わせることによって美しさを作っていくことが、1つの大きなポイント。視覚障がいの方にも触って分かるような、シンプルなデザインを目指した」と語っています。そういう意味でのユニバーサルなデザインです。

マスコットは、3種類から小学生に投票していただきました。小学生の中にも、障がいのある子もいます。視覚障がいの方たちには、マスコットの絵を見せても分からないので、触って分かるように立体の図形、模型を作って盲学校に送り、触ってもらって考える授業を行ってもらい、決まりました。

さまざまなプロセスにおいても、多様性というものをしっかりと理解して進めていくということが、この大会の方向性になっているということです。

「可能性の祭典」としてのパラリンピック

では、パラリンピックはどういう役割があるか。実際にパラリンピックは障がい者スポーツの象徴的な存在であり、パラリンピアンのパフォーマンスを見てもらうことによって、皆さんに大きな可能性を感じてもらいたいと思います。よくオリンピックは平和の祭典だという声がある中で、ではパラリンピックは何なのだろうというと、私は「可能性の祭典」だと言っています。人間の持っている限界や、どこまでできるのだろうということを常に感じることができる大会。これこそがパラリンピックのモットーだと思っています。

パラリンピックの教育教材として『I'mPOSSIBLE』というものが、日本を皮切りに世界中で展開が始まっています。この『I'mPOSSIBLE』と

いう教材は、実はインポッシブル、不可能から生まれています。ソチの
パラリンピックの閉会式の日に、Impossibleと掲げられたモニュメン
トのIとmの間に車いすの方がロープで登っていって、自分自身がアポ
ストロフィーになることによって、不可能をI'm possibleに変えるこ
とができるというメッセージを残したことから由来しています。まさに
人間が持っている可能性を感じてもらう、不可能と思っていた意識をガ
ラッと変えるきっかけがこのパラリンピックなのではないかというメッ
セージだと私も受け止めています。

社会が変われば誰もが暮らしやすくできるチャンスがある

　さまざまなバリアが社会にはまだあります。障がいがあるけれども、
ハードのバリアはハートで超えろ。パッションと皆さんの思い、創意工
夫、ヒューマンなところで解決できることはやるしかありません。
　バリアあるいは障がいは、ついネガティブな印象を持ちがちです。持
たせがちかもしれません。しかし、それが気付きであったり変化を与え
るチャンスにもなっているということにも、気付いていただきたいわけ
です。長い目で見ても、不自由だ、不便だ、もっと便利になったら良い
なと思うから、新しい商品や製品やサービスが開発されて、社会はより
よくなってきたというのが人類の歴史です。つまり、それが大切な気付
きではないですかということです。
　いま、日本の身体障がい者の7割は65歳以上だということが、統計
でしめされています。いま健康だからといって、将来的にも障がいと無
関係ではすまされません。自分自身や家族が高齢になって、なんて日本
は、東京は、不便で不自由な状況なのだろうとぼやいてもあとの祭りで
す。いまでも不便さを解消する、もっと便利にできるのであれば、皆さ
んも気付くことによって、あるいはそれをうながすことになっていけば、
「社会が変われば、誰もが暮らしやすくできるチャンスがある」という

ことに気付いていただきたいと思うのです。

　さまざまなバリア解消の取り組みはありますが、2020年に向かっていくいまだからこそ、スポーツにおいてのバリアをなくすという取り組みは、注目されやすい。ですから、これを解消する方法をうまくアピールすれば、さまざまな分野にも影響を与えることができるでしょう。いまは最大限、この非常に恵まれた条件を生かして、2020年以降の社会にも影響を与えられる変化をここで作り出していきたいと思っています。

「ミックスジュース」ではなく「フルーツポンチ」

　私たちが目指すのは「ミックスジュース」ではなくて「フルーツポンチ」だと考えています。

　エンブレムも多様性を表していました。ミックスジュースもフルーツポンチも、栄養価があるフルーツを取るということでは一緒かもしれません。同じ材料を、ミキサーに入れて果物の形をなくすのか、それとも刻んだものを交ぜるのかという違いです。見た目が分からなくなるぐらい砕いて混ざり合うということが、これからの社会が目指していく方向性なのでしょうか。個性のある多様な人々が混ざり合う社会、インクルーシブな社会とはそういう状態なのでしょうか。個性もなくなった形で混ざり合うのが本当に目指している社会でしょうか。

　私は違うと思っています。それぞれミカンや桃やブドウなどの素材の感覚や味覚を残しながらも、交ざり合うことでより良いおいしさを作り出せるようなフルーツポンチが、これから目指す共生社会を表現しているわけです。男性も女性もさまざまな個性があって、それによって、それぞれお互いに良さを理解し合うことによって生かし合える社会、共に生かし合える社会が共生なのだと。そういった「真の共生社会」を目指していきたいと思います。

障がい者から
パラリンピアンへ

3-3

私が描く共生社会とは

千葉祇暉

元車いす陸上日本代表
千葉市教育委員会委員

1　障がいを負うということ

頸髄損傷による障がい

　僕は車いすに乗っています。20歳のとき、伊豆の白浜に友人と波乗りをしに行きました。波がなかったので海水浴に切り替えて、サンオイルを体に塗りたくって、朝の8時から昼の12時まで4時間ほど寝てしまいました。体が熱くて目が覚めて、遠浅の海にそのまま走っていったら、目の前に1つの岩が出てきました。その岩の上に何気なく飛び乗ったら、今度は飛び込みたくなりました。水深も膝ぐらいまでと分かっていたのですが、サッと飛び込めば大丈夫かなと咄嗟に身勝手な計算。トンと飛び込んで、入水角度を少し間違えて、ゴンッと海底に激突。首周辺から「ボキッ」という音と共に一瞬の痛みからその後、僕の体は胸から下がまるっきり感覚がなくなりました。

　怪我をしてから37年間、未だに胸から下は感覚が無い麻痺状態です。

目の前にある膝を触ってみても何の感覚もありません。自分の体が動かない、麻痺している、歩けないということに慣れるまでには、かなり時間がかかりました。

僕の障がいを医学的に言うと、頸髄6・7番圧迫骨折による頸髄損傷で、四肢体幹機能の著しい障がいと障がい者手帳に書いてあります。要は両手両足の麻痺ということです。

頸髄損傷により歩けなくなってしまったという事実は、僕にとってはさほど大きな出来事ではないと認識するまで、あまり時間はかかりませんでした。足で歩くということは移動手段だと考えれば、車いすに乗ることで、ある程度の行きたい場所へは行けるわけです。

でも、歩けないということよりきつかったことは、おしっこと便です。気が付いたらおしっこが出てしまう。何か臭いなと思ったら便が出てしまう。ドクターにある日、「おしっこが勝手に出てしまうのだけれども、何か薬で止められませんか」と尋ねると、「おしっこをある程度出さなくする薬はあるよ」と。「ではそれを処方してください」と言ったら、「千葉君、おしっこは体から出さないといけないものだから、おしっこを薬で止めてしまうと、今度は薬でおしっこを出さないといけないよ。何かそれもおかしいよね」と言われて、確かにそうだなと思いました。

おしっこをしたいという感覚も無くなってしまいました。でも、幸いにも「代償尿意」というものが体に出てきました。どういうことかというと、僕の場合、膀胱が満タンになると、そのサインとして腕や首に鳥肌が立って知らせてくれます。最初は、鳥肌が立った瞬間におしっこが出てしまうような状態でした。当時は自分でお風呂に入れなかったので、機器にお世話になりながらお風呂から出て、ベッドに降ろされ、長座して股間にし瓶を当て、おちんちんを見ながら「まだ出るなと」会話をしていたら、ある日突然、鳥肌という代償尿意が表れました。現在はそのサインが出てからおしっこが出るまで7分ぐらいありますので、その間にトイレを見つけられれば、結構幸せな生活をしていられます。

しかし、おしっこの失敗（尿失禁）は減りましたが、「便」という大敵が待っていました。むしろこいつをコントロールするほうに手間と知恵を費やしました。おしっこは鳥肌で知らせてくれますが、うんちはまた微妙に違うのです。なんと言ったらいいか、冷や汗をかくときのような感覚なのです。しかし、こいつは、ときに固く、ときに柔らかく、大きさもまちまち。さらに、匂いが強烈で他人にもご迷惑をおかけしてしまう。長年のトライアンドエラーから、大体何を食べたらおしっこが遠のくとか、何を食べたらどれぐらいで出るかとかを、食事や水分と運動でコントロールできるようになりました。

　ここからは僕が経験したちょっと残念な出来事をお伝えします。

　以前、家族で東京・池袋のデパートに買い物に行きました。お腹がすいたのでレストランでご飯を食べようということになりました。店に入る前に「ちょっとパパはおしっこしてくるね」と息子に伝え、トイレに向かいました。車いすユーザーが使える誰でもトイレ、多目的トイレです。行ったら、若いパパさんとママさんと年長さんぐらいの子どもさんが並んでいたので、パパさんにちょっとお願いさせていただき「すみません、障がいで我慢ができないので、次空いたら使わせてもらえますか？」と伝えると、「嫌だよ、違うトイレに行けよ」と言われてしまいました。きっとこのパパさんには多目的トイレの存在の意味が分かっていないのかもしれません。

　さらに、僕が怪我したころはトイレのネーミングも「車いす用トイレ」「障害者専用トイレ」と記されていましたが、トイレの位置が建物の死角的な場所に多く作られたため、犯罪の温床になったりで、紆余曲折ののち、厚生労働省が「誰でも」や「多目的」という名前に変えてしまいました。しかしこのネーミングには弊害があり「誰でも」ということで文字通り誰でも使い始め、このトイレしか使えない人たちがなかなか使えなくなってしまったことや、「多目的」ということで、トイレ以外に使用するヤカラも増えてしまいました。

また、こんなこともありました。

それは高速道路に入るときのことです。僕たち障がい者は、手帳を見せると障がい者割引を受けられます、料金所で手帳を見せてお金を払ったとき、料金所のおじさんに「お大事に」と言われました。「?」。病院ではよく「お大事に」と言われますが、なぜ料金所でお金を払って「お大事に」と言われなくてはならないのかと考えると、日本では残念ながら未だに病人と障がい者がイコールなのではないかなと答えが出ました。しかしこんな国で2020年にパラリンピックが開催されます。

脱線してしまいましたが、受傷直後から首のけん引と首の安定をさせるために約8カ月間寝かされていたのですが、いよいよギャッジベッドで上半身を起こせる日がきました。そこでどうなったかというと、起立性貧血を起こしてしまいました。笑い話ですが、そのときたまたま病院の婦長さんが部屋に入ってきて、ギャッジアップを手伝ってくれました。少しずつ上半身が起き始めたのですが、直後に貧血を起こしてしまい、婦長さんと目があった瞬間に僕は吐いてしまいました。婦長さんは「この子失礼ね、私の顔見て吐いたわ」と言って部屋を出て行ってしまいました。急に起きれば貧血にもなりますよね！

さらに、僕の体は、歩けなくなっただけでなくて、血圧をコントロールする神経も損傷してしまったので普段血圧を測ると、上が65ぐらいで、下が35から40ぐらいです。そのため、じっとしていると1分もしないうちにフーッと貧血になってしまいます。貧血を解消させるために僕は車いすの背当てに背中を押し当て少し痛みを与えることで、一瞬血圧を上げられることに気が付きました。この動作をすることで血圧は90ぐらいになるのです。65から90に上げて、そこからだんだん落ちていく間は貧血になりません。僕は楽になるのですが、知らない人が見ると「落ち着きがないな、じっとしていろよ」とよく言われることがあります。それは、血圧がコントロールできないので生命を維持するためにやっていることなのです。

「リハビリ」、創意工夫、そして「人のためにできることがある」

　こうしておしっこと便がコントロールできるようになり、車いすにも乗ることができるようになりました。いよいよ「リハビリ」の開始です。

　作業療法や理学療法の先生から、「千葉君、今日から車いすのトレーニングをするよ」と言われました。病室からリハビリ室まで150mぐらいあるのですが、その往復が最初のリハビリでした。指先が動かず手首しか動かなかったので、手首でこぐのですがほとんど進みません。ある看護婦さんに、「千葉君、アリに抜かれたよ」とからかわれました。一生懸命こいでいるのですが、最初はアリよりも遅かったのです。

　それが少しずついろいろなところが動くようになりました。右手はグーチョキパーが辛うじてできて、握力が14kgぐらい。左手はつまむ、握るという動作ができず、親指と人さし指が自由に動かせないので、グーをやろうとしても2本の指が残ってしまいます。

　ペットボトルを開けるとき、左手で押さえられないのでキャップを歯で噛み、右手でボトルを回して開けていました。でも、あるとき、ペットボトルを持つ必要はないということに気が付いたのです。回転しないように抑えることができればと思い、左手の手首でペットボトルを腹に押さえ込み、右手でキャップをひねったらプシュッと開いたのです。

　それ以来、僕の中で創意工夫という言葉がいつも頭の中を巡っています。縦で出来なければ横にしてみる。右でダメなら左で。押して駄目なら引いてみなという言葉がありますが、そのような感じで創意工夫することで、いろいろなことができるようになりました。

　入院していたある日、青森で漁船に乗ってマグロ漁で転落して頸髄損傷になったという僕よりも重度のおじちゃんとこんなやり取りがありました。病院の食堂で、僕と2人きりになったときに目があい「千葉君、悪いけれどたばこを吸わせてくれないか」と頼まれました。「はい」と言って、電動車いすのポケットからたばこを出して、火をぽっとつけて

あげました。障がい者になってからいままで、何をするにも人に助けて
もらわなければならなかった僕が、おじいちゃんにたばこを吸わせてあ
げることができた。そのときに自分の中で、「こんな僕でも人のために
何かができるんだ」と気づかされた瞬間でした。

「リハビリ」から「競技」へ

　人生とは、後ろを振り返らなければいけないときもあるらしいのです
が、僕は怪我をしたときから振り返っている時間がもったいないと思い、
前だけを見て進むことが目標となりました。

　そこからリハビリで、毎日懸命に車いすを長く、速くこぐといったト
レーニングが始まりました。理学療法の先生からスラロームというもの
があると教えられ、取り組みました。ピンとピンの間を前から通過した
り、ピンの前で180度ターンをしてバックして通過する。さらに、キャ
スター上げといって、車いすの前輪を上げたまま後輪だけで通過するの
を何度も繰り返しました。入院先の病院には、車いすの患者さんたちが
120〜130人。毎日50人、60人で午前中と午後でリハビリをするので
すが、病院内の110mのスラロームコースで毎日違う患者さんと競う
勝負が面白くなり、リハビリだけでは物足りなくなりました。もっとこ
のピンのところでぎりぎりにターンしたら速くなるのではないかなどと
創意工夫しているうちに、タイムがどんどん速くなりました。

　1983年のある日、ドクターと理学療法士から、毎年6月に東京の駒
沢で障がい者の大会があるが出てみないかと言われ、初めて出場しまし
た。大会は障がいのカテゴリー別に分かれていて、僕は上肢にも障がい
があるカテゴリーで出ました。幸運にも過去の記録を上回ったというこ
とで、障がい者の全国大会が来年奈良であるから出てみないかと言われ
て、1984年全国身体障害者スポーツ大会に出ました。そこでも記録を
更新したので、1986年にイギリスで開催される国際ストークマンデビ

ル大会に日本代表として出ることになりました。日本の代表になるなんて人生で初めてです。

2　海外の競技大会での経験

　開会式の前日、「おい千葉、おまえはあした開会式でデモンストレーションな。何か知らないけれども大会事務局から指名だから」と突然言われました。どういう意味ですかと聞くと、「開会式のときに1本スラロームをやればいいのだ」と、あっさりと言われました。「なぜ僕が?」と聞くも、「1本多く走るだけだから、練習だと思えばいいだろう」と、何か訳の分からない理由でした。

　当日会場に着くと、なぜか会場がざわついていました。なんと開会式のゲストがプリンセス・ダイアナだったのです。英語で On your mark! Set! でスタートして、慎重に110メートルを走り終え「疲れた、無事ノーミスで良かった」と思いながらふと後ろを見ると、ダイアナさんが僕のところに来たのです。目の前ですっと座って、僕の膝に手を置き、同時通訳で、「20歳のときのスポーツのアクシデントだったのですね。復帰までの道のりはすごく困難だったでしょう。でも、よくここまで復帰されました。敬服します」というようなことを伝えられました。聞けばダイアナさんは1961年生まれで、僕と同じ年でした。「これからも頑張ってください」、「互いに頑張りましょう」と話をして、すっと立ったときにダイアナさんが右手をひょっと出してくれたので、僕は思わず握手をしました。翌日から競技は始まりましたが、成績はボロボロで全敗。でもそのとき100mでトップになったイギリスの選手に「どんな練習をしているのか」といろいろ情報を収集して帰国しました。

　イギリスの選手が言っていたことで、「小さいトラックで練習していてはダメだ」というアドバイスがありました。そこで、400mの普通の

大きさのトラックで練習をしなければと思い、東京にあった6カ所の陸上競技場に電話しました。6カ所のうち5カ所からは断られました。その理由は、トラックが傷つくとか、ぶつかれば健常者が怪我をするからということでした。これが日本の現実でした。しかし最後にかけた江戸川区立の江戸川競技場からは、「どうぞ」と言われました。僕は5カ所から断られたので、逆になぜいいのかの理由を聞きました。「うちは駐車場も障がい者用がありますし、トイレも専用のトイレがありますから。でも、陸上競技場に出るのに10cmぐらいの段差がありますが、それは我々がサポートしますから」と言っていただけました。

そこから関東近県でここに通えそうな30人ぐらいの人たちに「火・木・土と江戸川競技場で決まったからそこで走れるぞ」と伝えました。

「共生」のイメージを描く

このような現状の中で、「共生」というのはどういうことなのか、考えてみたいと思います。

陸上競技場で練習が予定されていたある日のことです。僕は仕事で遅れてしまい、他の選手がすでに練習に入っている陸上競技場をポーッと見ていたとき、突然共生という言葉が頭にわいてきました。陸上競技場では、小さい子どもたちも走り方教室で来ている。中学や高校、大学の陸上競技部もいます。実業団なども来ています。さらに日頃ネクタイをしているサラリーマンたちが着替えて、大会に出るための練習をしています。小さい子からトップまでが陸上の愛好家で、競技場は夕方や夜でもとてもにぎわっていました。

その時、実業団のマネジャーから「すみません、いまからタイムトライいきます」との声。その瞬間に、コースにいた皆さんが1〜2コースをバッと空けたのです。「1〜2コースを空けてください」と言ったわけではありません。かと思うと「すみません、車いすがスタート練習をし

ます」と言うと、3〜4コースを空けてくれたり。みんながみんなを認めていて、子どもたちが車いすの僕たちを「頑張れと」応援してくれたり、僕たちも実業団の選手がヒーヒー言って走っている姿に互いに声援を送っていました。

　その光景を見て、「これが共生なんだな」と初めて納得しました。

　どちらもがルールを守って、お互いに頑張る。僕たち障がい当事者も、たとえば段の高さが5cmしか上がれないのであれば、10cm上がれるまで努力をする。そして行政や社会も15cmの段の高さを10cmにするよう政策や制度を作る。両方の歩み寄りでできることが「共生」だと思います。それが、江戸川競技場に感じられました。

　やっと練習場所が確保され、次は練習方法です。いろいろなことを自分の中で考えながら取り組みました。レース用の車いすも工場の作り手さんといろいろ議論し自分なりに提案しました。

　初めてのパラリンピック出場は1992年バルセロナ・パラリンピックの100mでした。サブトラックで走っていても、ワクワクドキドキ。そして、いよいよコールされて自分の番が来ました。いざサブトラックからメインゲートの大きな門が開くと、6万人以上の観客の「ワァー」という歓声が僕の耳に入ってきました。このようなところで走れるのだと思うと、アドレナリンが出まくっているのがよく解かりました。

　僕は高校まで野球をやっていて、ピッチャーでした。ピッチング練習をしていて、キャッチャーがガンと近くに見えるときがありました。そういうときは結構な割合で自分の思い通りの球が投げられました。バルセロナのスタートラインで、フーッと落ち着いて、ゴールを見たときに、そのゴールがバッと近くに感じ、一瞬高校の頃を思い出し、「いける」と思いました。

　スタートの号砲が鳴り、順調なスタート。しかし1人抜かれ、2人抜かれて結果予選3位。3位までは無条件で決勝に行けたので、僕は3日後の100mの決勝に出場できました。決勝の結果は6位でした。でも、

6万人の観客の前で、アドレナリンが出まくりで、素晴らしい最高の経験ができたので、また次の大会でもあの場で走りたいという思いで、帰国後もどんなにハードな練習でも頑張れたと思います。

　僕は現役時代、7年間自己記録が上回らなかったときもありますが、努力をしていろいろな方法を考え、バルセロナでの負けを無駄にはしないよう、その大会で勝ったアメリカの選手にさまざまなトレーニング方法を聞きました。まだあれが駄目だったのかと、生活を犠牲にして、体を犠牲にして、30歳過ぎの僕が一生懸命トライしました。

　次に1994年世界選手権ドイツ・ベルリン大会がありました。会場はヒトラーがベルリンオリンピックのために作った競技場。200年ぶりの異常気象で、朝9時で既に39度。結果は似たようなもので、100mで5位でした。

　次は1996年アトランタ・パラリンピック。選手はオリンピックもパラリンピックも、大会期間中オリンピック村、パラリンピック村という施設に入るのですが、入村式というものがあります。その村の入り口の大きなアーチがあり、ウエルカムと書いてありました。しかしその下には What's your excuse? と書いてありました。直訳すると「言い訳は何?」ですが、アトランタパラのメッセージで「負けた言い訳をするな」とのこと。このメッセージはすごいと思いました。その場でそのメッセージに感動していると、通訳さんが「千葉君、裏にもう1つ意味が隠されているんだよ」。それは「障がいを言い訳にするな」という意味だと教えてもらいました。「すごい!」。そのようことを掲げる国の選手にそもそも勝てるのだろうかと思いました。6位だったバルセロナから、アトランタでは1人抜いて5位でした。何でこれ程努力しているのに駄目なのかと思いながら、帰国して一生懸命努力しました。

　2年後の1998年にイギリスのバーミンガムで世界選手権がありました。その大会では1500mにも出ました。陸上競技は、健常も身障も何が面白いかといったら、走る種目では、スタート・中盤の小競り合い・

そしてラストスパートです。しかし、100m、200mの短距離はあっという間に終わってしまいます。かといって、5000m、1万ｍは10分、20分と見続けなければならず飽きてしまいます。その点、男子の1500mと女子の800mは、3分、4分の中に全部の面白さが含まれているということで、ファンが多い種目でとても注目されるそうです。結果、世界的に健常者も身障者も、1500mという競技はすごく選手層の厚い種目となっています。

　400mの陸上競技場は、第1コースを走ると400mですが2コースを走ると、400mより少し多いので、ずっと2コースを走り続けると、1500mより余計な距離走らなくてはいけません。たまたま僕は1コースだったので絶対に1コースを離れないようにしました。このレースには、400m、800m、1500m、5000m、1万ｍ、フルマラソンの世界記録保持者が出ていて、普段は短距離の僕が出ていても誰にも相手されずノーマークだったので、僕は好きなポジションで走れました。いざスタートして「全然疲れない」「楽しい」「わくわく」の気持ちが芽生えてきて、「一生このレースで走っていたい」と思っていた程でした。レース中は、筋肉と会話をして、「三角筋は大丈夫か?」「大丈夫」、「大胸筋はいけるか?」「いける」、「棘下筋は?」。細胞すべてが素晴らしいレスポンスで答えてくれて、さらに自分の中で気持ちもゆとりがある、体も余裕があったので、すごい感覚で走れていました。そして鐘が鳴って、ラストスパート。選手に囲まれてポケットされている。「どうしよう」と思っていたら、第1コーナー手前で1コースと2コースを走っていた選手の間に隙間ができたので「ここだ」と思って僕は一気に加速して飛び出しました。僕は短距離のランナーですので、瞬時にスピードを上げるのでは、いま走っている選手には負けないと思いロングラストスパート。しかし、短距離ランナーの弱点、持久力が無い。案の定、途中で疲れてしまい、当時1500m世界記録保持者のスウェーデンの選手に追い付かれてあっさり抜かれました。もう乳酸で体中がぱんぱん。腕や肩が痛くて

こげない。やっと完走したという感じでしたが、結果は2位。いままで僕は世界戦で勝てない、どれだけ努力をしても勝てないとあきらめ気味になっていました。でもここで、2位とはいえメダルセレモニーに呼ばれたとき、日頃100m、200mで競っていた他の国の選手が、「chibaおめでとう」と表彰式に来てくれたのです。すごく嬉しかったことを覚えています。表彰台を降りてから、「chiba、2年前の1500m、全然スピードがなかったよね。この2年でどうやって練習したの?」と聞かれて、何気なく答えていたとき、いままで僕は質問する側だったのに、こんどは答える側になっていると気づき、初めて感激が湧いてきました。僕は、世界のトップの選手と肩を並べたいために走っていた訳ではなく、自分のために走っていましたが、そのトップアスリートたちと同じ価値観や意識レベルで話ができるということが非常に嬉しくて、競技を続けていてよかったと改めて思った瞬間でした。いろいろ自己犠牲を重ね、練習をしても、勝てないときが続きました。勝つために練習方法をいろいろ改善したり、コーチも変えたり、そうやってやっと勝てた。最低と最高の気持ちを味わったときに、「人間とはこういうことか。いろいろなことを経験することでもっと先に進めるのだ」と思い、23年間競技を続けていて、走っていてよかったと思いました。

「共生社会」の扉を開く

やればやはりそれなりにいろいろなものが返ってきます。あとは、共生という意味で、自分も努力をしていく、そして社会もそれに応えていくことだと思います。いま5cmの段差しか上がれないなら10cm上がれるようにする。20cmの段差が降りられるのなら30cmを降りられるようにする。やれることを最高にやっていくことが僕たちの役目です。社会はそのハードルを少しずつでも下げる方策を考え実現していくことだと思います。ところがいまの日本の社会は、共生のためのベクトルが

少しずれていると感じます。

　皆さんは、たとえばショッピングモールに行ったときに、8階から1階に降りるとなったら、エレベーターを使うと思います。エレベーターで2時間待たされたことはありますか？　日本で僕は37年間車いすに乗っていますが、残念ながら1回もエレベーターを空けてもらったことはありません。外国では、エレベーターが開いたら乗っている人が僕たちの姿を見てニコニコして「どうぞ」と空けてくれます。僕は、障がい者がもっと気持ちを発信して、「これは必要だ」「これはありがたいけど要らない」ということを明確にすることも大切だと思います。もっと当事者の意見が本位になり、机上の理論の有識者ではなく、我々「有験者」の意見を吸い取るような社会の仕組みが必要だと思います。

　不必要な例の1つとして、障がい者割引があります。海外の試合で、リフレッシュしたいとき、映画を見に行きます。チケットは定価です。でも、必ず席はどちらがいいですかと選ぶ権利を与えてくれます。日本は残念ながら、障がい者割引はありますが、「一番前のスペースが車いす席です」と案内されます。半分でもお金を払って、スクリーンの最前列で2時間見たらどうなりますか。首が痛いですよね。それが現状です。

　僕はケガで20歳のときに歩けなくなりましたが、誰しも高齢が理由で体のどこかに異常を発します。人ごとではない。高齢者になって膝が痛くて歩けない、車いすで外には出たが段差ばかりで思うところに行けない。この世の中をどう変えるかということは、そうなったときではないと思うのです。なにが「共生」なのか、2020年に向けてそれをどう実現していくのか、さらにはレガシーとして残ったモノをどう継続させるのか、一緒に考えて行動してもらいたいと思います。社会的弱者をいたわるのではなく、社会的弱者を創らない世の中にしていかないと……。

4

パラリンピックを
つくる

社会の中のパラリンピック

歴史的展開とフィロソフィー

松尾哲矢

立教大学コミュニティ福祉学部教授

ここでは、パラリンピックの特徴と歴史的展開を踏まえ、現代社会とスポーツの歴史的潮流という点から2020年東京パラリンピックの意義とこれからのスポーツのあり方（フィロソフィー）、パラスポーツ（障がい者スポーツ）の課題について見ていきたいと思います。

1 4つのオリンピック

2020年、東京パラリンピック開催。1960年にローマで行われたのが第1回で、第2回は1964年の東京、そして2020年東京大会が第16回となります。

オリンピック・パラリンピックを含め、IOCがオリンピックという名称を許可している大会が4つあります。1つ目はオリンピック、2つ目はパラリンピック、3つ目はデフリンピック、そして4つ目がスペシャルオリンピックスです。

デフリンピックは、聴覚障がい者によるオリンピックで、4年に1度世界規模で開催されます。国際ろう者スポーツ委員会が主催し、障がい者スポーツにおける最初の国際競技大会で、もっとも古い歴史を持っています。第1回大会は、夏季は1924年のフランスで、冬季は1949年のオーストリアで開催されました。

夏季は21競技(2017)、冬季は5競技(2015)です。最近では2017年7月18日から30日まで、トルコのサムスンで第23回夏季大会が開催されました。97の国と地域が出場して行われました。

日本も陸上、バドミントン、テニス、卓球、水泳など11競技に出ています。バレー女子が16年ぶりに金メダルを取ることができました。日本選手団の選手は108名で、金6個、銀9個、銅12個を獲得しました。

スペシャルオリンピックスは、知的障がい者によるオリンピックです。1962年にアメリカ大統領J・F・ケネディの妹のユニス・ケネディ・シュライバーさんが創設しました。やはり4年に1回行われ、夏季は24競技(2019)、冬季は9競技(2017)です。最近では2019年にアラブ首長国連邦の首都アブダビで開催されました。190の国と地域が参加しました。日本からは104名の選手団を11競技に派遣しました。

競技方法に特徴がある大会で、ディビジョニングというものが、非常に重要なキーワードになります。

通常の競技では予選、準決勝、決勝で唯一のチャンピオンを決めるのですが、ディビジョニングは、予選をして3人から8人の同じ力の人たちに仲間分け(ディビジョン)し、ディビジョンごとに決勝をします。ですから、誰が勝つかは分かりません。これは他の競技会にはありません。

金、銀、銅と順位付けはしますが、全員が表彰され、4位以下にはリボンが贈られます。

チームゲームはなかなか成立しないときがあるので、ユニファイドといって、健常者と組んでみんなでプレーすることも、もう1つの特徴です。健常者と障がい者が一緒になってスポーツをするにはどうすればよ

いかと考えますが、そういう発想もすでにこの大会には入っているのです。

　もう1つ大事なことは、マキシマムエフォートです。金メダルを取りたかったら、本当は速いのに予選でゆっくり走る。これはダメだ、という仕組みです。ディビジョンが終わって、決勝で走ったとき、予選に対して15%以上速かったり強かったりしたら、それは失格となります。

　こういう特徴を持っているのがスペシャルオリンピックスです。レベルを合わせて全員が表彰される。それは、"Let me win, but if I cannot win, let me be brave in the attempt."「私に勝利を与えたまえ。もしかなわぬなら挑戦することを称えさせたまえ」(スペシャルオリンピックス世界共通宣誓) という理念を体現しているものともいえます。

2　パラリンピックとは　どのようなものか

増えていく実施競技

　はじめに、パラリンピックで実施される競技がどう変わってきたかを、実施競技の変遷図で見ておきましょう。22競技が2020年の東京大会で行われます (**図1**、**表2**、**3**)。

　第1回では8競技でした。アーチェリー (洋弓)、陸上競技、車いすバスケットボール、車いすフェンシング、卓球、水泳などは、最初からありいまもずっと続けられていますが、ダーチェリーとスヌーカーはもう行われていません。主な種目をみるとパワーリフティング (第2回大会より (以下、同様))、ゴールボール、射撃 (第4回)、シッティングバレーボール (第6回)、ボッチャ、自転車競技、馬術 (第7回)、車いすテニス、柔道 (第

図1

第2回パラリンピック東京大会

1964年(昭和39年)
11月8日〜12日(5日間)

参加者数：567名
(選手：378名、役員189名)

日本選手団：84名
(選手：53名、役員31名)

9競技

アーチェリー、ダーチェリー、車いすバスケットボール、
車いすフェンシング、陸上競技、パワーリフティング、
スヌーカー、卓球、水泳

第16回パラリンピック競技大会
(2020東京パラリンピック競技大会)

2020年(令和2年)
8月25日(火)〜9月6日(日)(13日間)

22競技

アーチェリー、陸上競技、ボッチャ、カヌー、自転車競技、
馬術、5人制サッカー(視覚障がい者)、バドミントン、
ゴールボール、柔道、パワーリフティング、ボート、
テコンドー、射撃、水泳、卓球、トライアスロン、
シッティングバレーボール、車いすバスケットボール、
車いすフェンシング、車いすラグビー、車いすテニス

表2 パラリンピック実施競技の変遷 (夏季競技大会)

※公開競技として開催も含む

第1回 (ローマ：1960)	アーチェリー、陸上競技、車いすバスケットボール、車いすフェンシング、水泳、卓球、(以上、現在に至る)、ダーチェリー (第5回大会まで)、スヌーカー (第6回大会中断、8回大会まで)
第2回 (東京：1964)	パワーリフティング (現在に至る)
第3回 (テルアビブ：1968)	ローンボウルズ (第8回大会まで)
第4回 (ハイデルベルク：1972)	ゴールボール、射撃 (以上、公開競技、第5回大会より正式競技、現在に至る)
第5回 (トロント：1976)	スタンディングバレーボール (第11回大会まで)
第6回 (アーネム：1980)	シッティングバレーボール (現在に至る)、レスリング (第7回大会まで)
第7回 (ニューヨーク、ストークマンデビル：1984)	ボッチャ、自転車競技 (以上、現在に至る)、7人制サッカー (脳性麻痺者、第15回大会まで)、馬術 (第8・9回大会中断、第10回大会実施、現在に至る)
第8回 (ソウル：1988)	車いすテニス (公開競技、第9回大会より正式競技、現在に至る)、柔道 (現在に至る)
第9回 (バルセロナ：1992)	
第10回 (アトランタ：1996)	ウィルチェアラグビー (公開競技、第11回大会より正式競技、現在に至る、2019年より車いすラグビー)、セーリング (以上、公開競技、第11回大会より正式競技、第15回大会まで)
第11回 (シドニー：2000)	知的障がい者バスケットボール (本大会のみ)
第12回 (アテネ：2004)	5人制サッカー (視覚障がい者、現在に至る)
第13回 (北京：2008)	ボート (現在に至る)
第14回 (ロンドン：2012)	
第15回 (リオ：2016)	カヌー、トライアスロン (第15回大会より正式競技、現在に至る)
第16回 (東京：2020)	テコンドー、バドミントン (第16回大会)

表3 パラリンピック実施競技の変遷 (冬季競技大会)

第1回 (エンシェルツヴィーク：スウェーデン：1976)	アルペンスキー、クロスカントリースキー (現在に至る)
第2回 (ヤイロ：ノルウェー：1980)	
第3回 (インスブルック：オーストリア：1984)	アイススレッジスピードレース (第5回大会中断、第7回大会まで)
第4回 (インスブルック：オーストリア：1988)	
第5回 (アルベールビル：フランス：1992)	バイアスロン (現在に至る)
第6回 (リレハンメル：ノルウェー：1992)	アイススレッジホッケー (現在に至る) (2018年よりパラアイスホッケー)
第7回 (長野：日本：1998)	
第8回 (ソルトレークシティ：アメリカ：2002)	
第9回 (トリノ：イタリア：2006)	車いすカーリング (現在に至る)
第10回 (バンクーバー：カナダ：2010)	
第11回 (ソチ：ロシア：2014)	
第12回 (平昌：大韓民国：2018)	スノーボード (現在に至る)

8回)、ウィルチェアーラグビー（第10回、2019年より車いすラグビー）、視覚障がい者の5人制サッカー（第12回）、ボート（第13回）、カヌー、トライアスロン（第15回）、そして2010年16回東京大会ではテコンドー、バドミントンが加わります。

　冬季では、アルペンスキー、クロスカントリースキーが第1回からあります。アルペンスキーはいわゆる坂道を下っていく競技で、クロスカントリースキーは起伏のある雪上を自走しながらスピードを競うタイプの競技です。バイアスロン（第5回）というクロスカントリースキーの途中で射撃が入る競技、アイススレッジホッケー（第6回、2018年よりパラアイスホッケー）、車いすカーリング（第9回）、スノーボード（第12回）が追加されて現在に至ります。

- ●**ダーチェリー**：洋弓を使用するが、ダーツのような的になっている。2人1組、1回1人交互に3本ずつの矢をうって501点をきそうもの。
- ●**スヌーカー**：ビリヤード（キュースポーツ）の一種。

パラリンピックの特徴——「クラス分け」による公平性の担保

　スポーツ競技において、誰が勝つのか、やってみないとわからないといった勝敗の未確定性を保障する「公平性」が最も重要です。

　パラリンピックには、さまざまな機能障がい（脊髄損傷による両下肢麻痺等）を伴う競技者が出場します。障がいの多様性がパラリンピックの特徴ともいえます。その意味でも、参加資格も含め、いかに公平性を担保するのかが最も重要な課題となります。パラリンピックを根幹から支え、「公平性」を担保する仕組みが「クラス分け」なのです。

　パラリンピック初期には、医師による診断名を基準としたクラス分け（「医学的クラス分け」）でした。しかし、それだけでは十分に公平性が担保できないということで、1980年代後半から、「機能的クラス分け」として、より競技者のパフォーマンスに着目したクラス分けシステムが導入

されました。その後、競技団体毎のバラつきをなくすために統一の規程が必要となり、国際パラリンピック委員会（IPC）は、2007年、IPCクラス分け規程を設定しています。この規程を基盤として、これまでのクラス分けの考え方に加え、スポーツ種目によって動きが異なることから「スポーツ特性に基づくクラス分け」システムが構築されています。クラス分けには、医師だけではなく、理学療法士、スポーツ科学者や元競技者によって2〜3名の「クラス分けパネル」が構成されます。そして、身体機能評価、技術評価、競技観察（クラス分けとパフォーマンスの差異がないかを観察）の3段階で厳格に実施されています[1]。

パラリンピックの歴史

パラリンピックの大きな歴史とどのような枠組みで行われているのかを整理していきましょう。

●パラリンピックの萌芽

第2次世界大戦中の1944年、イギリスのチャーチル首相は、戦争が激化し負傷する兵士が増えるだろうと予測していました。そこで、増えるであろう骨髄損傷の人たちの治療と社会復帰を目的として、イギリスの郊外にあったストーク・マンデビルという病院を拠点にしました。

そして1939年にナチスの迫害から逃れてイギリスに亡命していたドイツ人のルードウィッヒ・グットマン卿にお願いし、脊髄損傷科の初代科長になってもらいました。

グットマン卿は、手術ではなくてスポーツを活用した治療を進めました。「失ったものを数えるな。残されたものを最大限に生かせ」と、なくなったものを悲しむのではなくてあるものをもっと生かしましょうという、いままでにない発想です。そして、負傷していない部分をトレーニングしてもっと生かし、リハビリテーションとしてスポーツを活用し

たのです。

　1948年ロンドンオリンピックの開会式の日、病院の中で16名の車いす患者、つまり英国の退役軍人のアーチェリー大会を開催しました。これを毎年開こうではないかといって始めたのが最初です。

●パラリンピックの誕生

　1952年にはオランダも参加し、第1回国際ストーク・マンデビル大会が開催されました。これがパラリンピックの大本です。パラリンピックになったあとも、国際ストーク・マンデビル車いす競技大会は2003年まで毎年開催（2004年以降は世界車いす・切断者競技大会として2年に1度開催）されるという歴史も持っています。

　第1回のパラリンピックが開催されたのは、1960年のローマオリンピックのときで、参加23か国、400名でした。これは第9回国際ストーク・マンデビル大会でもありました。国際ストーク・マンデビル大会委員会も設立され、初代会長はグットマン卿です。オリンピック時のみの開催とし、4年に1回開催されるようになっていきます。

　第2回は1964年のパラリンピック東京大会です。第13回国際ストーク・マンデビル大会としても行われ、第2部として国内特別大会が開かれました。ここから日本の障がい者スポーツは幕を開けたといってもよいでしょう。

　ここで忘れてはいけない人物の1人として中村裕医師がいます。1960年、日本の研修生（厚生省）であった整形外科医の中村裕医師は、グットマンのもとで学び、日本の障がい者スポーツの礎を築くとともに、1964年の東京パラリンピック開催に尽力し、日本パラリンピックの父として称されています。

●パラリンピックの広がり

　1976年の第5回トロント大会のときに、国際身体障がい者スポーツ

機構と共催して、視覚障がい者と切断の方も参加するようになりました。それまでは、基本的には脊椎損傷の方が中心でした。それにいろいろな障がいが加わっていき、パラリンピックが広がっていく時代です。

1978年に、国際脳性麻痺者スポーツ・レクリエーション協会が、そして1980年に、国際視覚障がい者スポーツ協会が設立されます。骨髄損傷だけではなく、視覚、知覚、脳性まひという、さまざまな国際的なグループがみんなで一緒にやろうという動きができてきます。

1982年には、国際ストーク・マンデビル大会委員会、国際身体障害者スポーツ機構、国際脳性麻痺者スポーツ・レクリエーション協会、国際視覚障がい者スポーツ協会の4団体によって、国際調整委員会 (ICC) が発足します。これが、いまの国際パラリンピック委員会の前身です。

●パラリンピックの確立と展開

1985年、IOCは国際調整委員会が、「パラリンピック」と名乗ることに同意をします。

それまでパラリンピックは、対麻痺者のオリンピック (Paraplegic Oilmpic) という意味でした。しかし、対麻痺者以外の身体障がい者も参加する大会となっていたことから、パラレル（平行：Parallel）の語源でもあるギリシャ語の接尾語パラ：para（沿う、平行）＋ olympic と解釈し、オリンピックとパラレルに開催される「もう1つのオリンピック」としてパラリンピックを意味づけし直すことになりました。

1986年には、国際ろうスポーツ委員会と国際知的障がい者スポーツ連盟が国際調整委員会に加盟しました。

1988年に第8回夏季大会がソウルで、国際調整委員会の主催で開催されましたが、ここではまだ、ろう者と知的障がい者の参加は認められませんでした。

このソウル大会から、正式に「パラリンピック」が正式名称となり、オリンピックとパラリンピックが連動した大会になっていきます。その

後、1960年のローマ大会以後の国際大会を、さかのぼって「パラリンピック」と表記することになりました。

　そして、1989年に国際パラリンピック委員会（IPC）が創設されました。1992年にバルセロナで行われた第9回夏季大会は国際調整委員会が主催しましたが、1994年にリレハンメルで行われた第6回冬季大会で初めて、国際パラリンピック委員会が主催することになります。

　しかし、1995年に国際ろう者スポーツ委員会が脱退します。デフリンピックの基本的なルールは、オリンピックと全く一緒でクラス分けはしません。一方で、手話が必要になるので、運営にあたっては国際手話ができないといけません。そういう違いがあることが大きな理由でした。

　他方、1996年にアトランタで行われた第10回夏季大会から知的障がい者が少しずつ参加し始めますが、2000年にシドニーで行われた第11回夏季大会で問題が起こりました。バスケットボールのスペインチームの選手が実は健常者だったのです。そのことから、知的障がい者の参加は凍結されました。

　2012年にロンドンで行われた第14回夏季大会では、陸上と卓球、水泳の一部で知的障がい者の正式参加が認められています。このように、少しずつまた広がってきています。

オリンピックとパラリンピックの協力関係

　オリンピックとパラリンピックが一緒にやるということになったことは、すごく重要なことでした。そして2000年の第11回シドニーパラリンピックの開催期間中、IOC会長とIPC会長の話し合いがもたれ、オリンピック開催都市はオリンピック終了後に引き続いてパラリンピックを開催しなければならないという基本合意に達し、2001年には、オリンピック組織委員会はパラリンピックも担当する、開催国はオリンピック終了後、パラリンピックを開催するなど、主要な基本合意（2008

年夏季大会、2010年冬季大会より有効）もできたのです。

パラリンピックと共生社会

　パラリンピックは、「パラリンピックムーブメントの推進を通してインクルーシブな社会を創出すること」をゴールとして共生社会の構築を目指しています。その理念には、「勇気（Courage）：マイナスな感情に向き合い、乗り越えようと思う精神力」、「強い意志（Determination）：困難があっても、諦めず限界を突破しようとする力」、「インスピレーション（Inspiration）：人の心を揺さぶり、駆り立てる力」、「公平（Equality）：多様性を認め、創意工夫をすれば、誰もが同じスタートラインに立てることを気づかせる力」を掲げています。パラリンピックは、共生社会の創造に挑戦する大会だということもできるでしょう。

　換言すれば、パラリンピックがスポーツの祭典であるだけではなく、これからの共生社会のあり様を示す「マイルストーン（標石）」であり、成熟社会、共生社会を求める日本にあって、これからの共生社会の可能性と課題を見せてくれる「羅針盤」でもあるのです。

3 スポーツの世界的な潮流と障がい者スポーツ

　ここでは、スポーツの側から近代スポーツはどのようにして生まれ、なぜいま障がい者スポーツが重視されるようになってきたのか。その潮流を踏まえて、2020年東京パラリンピックの位置づけについて見てみましょう（**図4**）。

図4 スポーツの潮流を読む「50年で拡がり、50年で定着する」(松尾, 2019)

	世界	日本	パラスポーツ

1850

近代スポーツの成立
(英国発)

50年で世界に拡がる

1900

1896
第1回オリンピック
多くのスポーツの世界組織
[例] 1904：国際サッカー連盟
　　　1907：国際ヨット連盟

1911
大日本体育協会設立
(現 (公財) 日本スポーツ協会)

50年で定着する　　**50年で拡がる**

障がい者、高齢者、
女性スポーツへの眼差し
拡がる

1950

オリンピック隆盛

主に男性、若者、
競技スポーツを対象と
したスポーツの定着

1961
『スポーツ振興法』
1964
東京オリンピック開催

1960
第1回パラリンピック
開催(ローマオリンピック時)

2000

50年で定着する　　**50年で世界に拡がる**

2011
『スポーツ基本法』
8.24：施行

2012.3
スポーツ基本計画
2017.3 第2期計画

2015.10
スポーツ庁 創設

2020
東京オリンピック・
パラリンピック開催

障がい者スポーツ
高齢者スポーツ
女性スポーツ

50年で定着できるか

2050

「すべての人に開かれたスポーツがスポーツ文化として
真に定着できるか」が問われる50年となる
スポーツの多文化化はいかにして可能か

4

英国から世界へ

現在行われているスポーツはさまざまですが、その多くが英国のパブリックスクール（私学、男子校、寄宿舎制）から生まれたといっても過言ではありません。

なかでもラグビーの発祥となったラグビー校の校長（1828-42年）を務めたトマス・アーノルドは、それまでの庶民のなかで行われていた粗野で暴力的なスポーツではなく、紳士として立ち居振る舞いができるリーダーの養成、教育としてのスポーツを推進しました。スポーツパーソンシップ、相手に対する尊敬（リスペクト）、フェアプレーの精神などは、ここからスタートしたのです。

パブリックスクールを出てオックスフォード大学やケンブリッジ大学等を出た人たちは、国の要人となり、英国の植民地政策のなかで世界に出ていきます。そこで商談の前に地元の人々と茶会やスポーツを楽しみます。そうしてスポーツが世界各地に広がります。

そして約50年かけて広がりを見せ、1896年、第1回オリンピックが古代オリンピックの聖地であったアテネで開催されるまでになるのです。

日本の受け入れ

日本では、明治期、外国人居留地のなかでも横浜や神戸を拠点としてスポーツが広がっていきます。また、学校教育にスポーツが入る形で広がっていきます。

そして、大きな転機となるのが1911年、大日本体育協会（現（公財）日本スポーツ協会）の設立であり、その中心人物が嘉納治五郎（柔道の創始者、東京高等師範学校（現筑波大学）校長）です。対外的にはオリンピックに向けて、対内的には国民のスポーツ振興に向けて作られたのです。

その50年後の1961年にスポーツ振興法ができました。その後、

1964年東京オリンピックが開催され、スポーツは国民の文化として広がります。その50年後の2011年にスポーツ基本法ができます。この過程でスポーツは国民の文化として定着してきました。50年かけて広がり、50年かけて定着してきたのです。しかし、その中心となってきたのは、若者、男性、競技志向のスポーツだったといえます。

障がい者スポーツに目を向けてみると、1960年からパラリンピックが始まりました。オリンピックから半世紀以上遅れてのことです。日本では1964年に第2回パラリンピックが開催され、徐々に広がりを見せてきます。そして2020年東京パラリンピックを迎えるにあたって、「パラリンピック」という言葉が認知されるにいたりました。

つまり、「50年で広がり、50年で定着」してきたというスポーツの潮流からみると、障がい者（女性、高齢者等も同様に）のスポーツは、50年遅れて表舞台に出てきて、広がったといえますが、身近なスポーツとしてはまだ定着しているとはいえません。まさにこの50年をかけて障がい者のみならず、女性、高齢者も含め、どちらかといえばスポーツマイノリティに置かれていた人々のスポーツの定着が図られねばなりません。2020年東京パラリンピックはその契機とすべき大会なのです。

4 スポーツのあり方（フィロソフィー）を考える

これまで見てきたように2020年東京パラリンピックは、成熟社会、共生社会を求める時代的な軸とスポーツマイノリティ（障がい者、女性、高齢者）にされてきた人々のスポーツへの着目と文化的成熟が問われているスポーツの軸の交点に位置づく大切な大会だといえます。

パラリンピックは頂点を求め、人間の可能性を示してくれる最高度のスポーツのあり方を見せてくれます。その一方で、人間の多様性に応じ

たスポーツのあり方を考える契機を与えてくれます。

　ここでは、人間の多様性に応じたスポーツのあり方（フィロソフィー）について考えてみます。

スポーツって何だろう

　スポーツの語源はデポルターレというラテン語にあります。それは、「持ち去る」とか「移る」という意味で、転じて気晴らしや満足という意味を持っていました。義務的な活動から離れて楽しむということなのです。スポーツは勝たなければ意味がないという発想は元々ありませんでした。

　スポーツの発展過程においては、体を使うので「身体性」、気晴らしや楽しさを求める「遊戯性」、勝ち負けを競う「競争性」の３つが大切にされてきました。

　バランスよく発展していけばよかったのですが、なかなかそうはいきません。だんだん競うという特質が強くなっていきます。なかでも、追い付け追い越せという成長社会の時代にあっては、スポーツで頑張ったら優勝できるという姿が、社会での努力と成功の姿と重なり、ますます競争での勝利に価値が置かれるようになります。このなかでスポーツの競争性がものすごく肥大化し、その一方で遊戯性の部分が小さくなっているのがいまのスポーツの姿です。

　また日本の特徴として、スポーツは学校を中心に入ってきました。そこでは、体育として、教育の一環として行われてきました。また武士道とも連動しながら、楽しむよりまずは礼儀が大事だ、修養として厳しくやらないといけないという風潮が強くなってきました。

　このようななかで自由な遊び文化というよりも、競技的、教育的なものとしてとらえられてきたのが日本におけるスポーツの特徴でもあります。

しかし、スポーツの起源をたどると、近代スポーツが誕生する以前の
ヨーロッパの貴族や上流階級で楽しまれていたスポーツにおいては、ス
ポーツ自体を楽しみ、社交として相手を尊び、大切にする遊び文化とし
て楽しまれていた歴史にも目を向けなければなりません。

「スポーツは遊び、遊びの本質は楽しさ」である

　スポーツは、語源からもわかるように遊びの性格を持ちます。遊びを
正面からとらえたヨハン・ホイジンガ（歴史家）は、遊びの本質は楽しさ
(fun) であり、遊びとは、まさに自由意思によってつくられていく文化
創造のはたらきを持った大事なものなのだ、と指摘します。その意味で、
スポーツの本質は楽しさ (fun) だといえます。

　一言で言うと、スポーツは、「自発的に楽しむ運動」と定義できます。
いま日本人が行うスポーツや運動は、ウォーキング、ジョギング、ラン
ニング、体操、トレーニング等が中心になっており、競争を伴わない運
動やスポーツがたくさん増えてきています。競争を極める楽しみ方もも
ちろんよいのですが、競争性をベースとした狭いスポーツの見方を広く
捉え直すということが、とても重要だと思います。

　日本は成熟社会の扉を開けましたが、成熟社会におけるスポーツは、
「すべての人がその人らしくスポーツを楽しめていること」が大切です。
これからは「勝ち負けではなくて、社交として、打ち負かす相手ではな
く尊重し合う仲間として、何かの手段としてではなく、スポーツ自体を
楽しむ。規律訓練ではなく、心身の解放と自由の発露として、人と同じ
楽しみ方ではなく自分に合った楽しみ方で、競争がすべてではなく、そ
れはスポーツを楽しむ手段として」スポーツをとらえなおしていくこと
がますます大切になってくるでしょう。

5 日本における パラスポーツ（障がい者スポーツ） 支援をめぐる課題

　パラリンピックを契機として、日本のパラスポーツ（障がい者スポーツ）環境を変えていくことができるのでしょうか。

　ここでは、国家的な目標と現在地を示し、スポーツの高度化（競技者養成）と大衆化（多くの人が楽しめる環境と状況）という点から課題を整理しておきたいと思います。

スポーツ基本計画と障がい者スポーツの目標

　2011年、スポーツ基本法が作られました。日本におけるスポーツの根幹法です。前文で「スポーツを通じて幸福で豊かな生活を営むことは、すべての人々の権利」と規定しています。「権利」であることを初めてうたった法令として注目されます。「権利」ということは、やりたい人がいたら、阻害しないようにきちんと対応することが国の責務になりました。そのための「スポーツ基本計画」も制定されました。2017年3月に制定された第2期の基本計画では「スポーツを通じた共生社会等の実現」を謳い、障がい者の週1回以上のスポーツ実施率を19.2%から2023年までの5年間で40%までに上げることを目指すとしています。

　障がい者を対象とした2017年の調査（笹川スポーツ財団）によれば、「スポーツ・レクリエーションを行っているがもっと行いたい」「行いたいができない」と回答した人の合計は、障がい種別にかかわらず3割程度にのぼり、スポーツを行いたいという声に応える支援策が求められています。

パラスポーツの高度化をめぐる課題

　現在のパラアスリートは、きわめて高い能力を有していますが、パラアスリートに次ぐアスリートが次々と養成されているかというと厳しい状況にあり、すそ野が広い「ピラミッド的競技者養成」というより「線的競技者養成」ともいうべき状況にあります（この点については103ページからを参照）。その一因としてアスリートと一般のパラスポーツ愛好者との間で、技能的な差異だけではなく、パラアスリートのレベルが上がれば上がるほど、「とてもたどり着けるものではない」という意識が立ち上がるなど、乖離現象があるものと思われます。愛好者から競技者への段階的な支援、競技志向を持つ若者層のタレント発掘など、競技者養成システムとその方法論の確立が急務といえます。

パラスポーツの普及（大衆化）をめぐる課題

　ここでは4つの課題を挙げておきたいと思います。

　第1に、「施設整備」です。スポーツ庁の調べ（2016）によれば、日本に学校も含めるとスポーツ関係施設は約19万1000か所あり、公共スポーツ施設だけに絞っても約5万3000か所あります。公共の体育館は約9000か所ぐらいです。ところが、障がい者が専用・優先して使える施設は、笹川スポーツ財団の調べ（2018）によれば、141か所しかありません。一般スポーツ施設を使える工夫が急務です。

　第2に、「身近にあるスポーツ団体や組織の整備」です。（公財）日本障がい者スポーツ協会は、障がい者スポーツ団体の統括団体です。一般のスポーツ団体の統括団体である（公財）日本スポーツ協会の場合、都道府県のみならず、市町村レベルまで協会がありますが、障がい者スポーツ協会の場合、都道府県までで、市町村レベルでは一部を除いてできていない状況です。日常的な活動支援を勘案すれば、急ぎ整備する必要があ

ります。

　第3には、「管轄する部署間の協力体制の構築」です。2015年スポーツ庁が設立されて以来、それまで厚生労働省管轄だった障がい者スポーツは、スポーツ庁が担当となりました。スポーツという意味では一歩前進なのですが、その体制になっていない都道府県が多くあること、厚生労働省の社会福祉との連携が弱いこと、これからの課題です。

　第4には、「支援者の増大と資質の向上」が挙げられます。まず指導者に目を向けると、現在、全国に(公財)日本障がい者スポーツ協会公認指導者が初級、中級、上級、コーチを含めて2万3000人(初級、1万9000人)ぐらいいます。活動する場所がない、指導不安を抱えている指導者も少なくありません。活動の場の確保と継続的な研修制度を整える必要があります。

　そして、これからますます重要になるのがパラスポーツ・ボランティアの存在です。この点については、第6章で詳しく整理したいと思います。

［参考文献］
1) 指宿立・三井利仁・池辺純政・田島文博 (2016)「パラリンピックスポーツにおけるクラス分けの動向」日本義肢装具学会誌，32 (4)：220-225ページ
(公財) 日本障がい者スポーツ協会 (2018)『障がい者スポーツの歴史と現状』
(公財) スペシャルオリンピックス日本 (2017)『ゼネラルオリエンテーション 標準テキスト』2ページ
スポーツ庁 (2016)『平成27年度体育・スポーツ施設現況調査結果の概要』3-5ページ
笹川スポーツ財団 (2018)『障害者専用・優先スポーツ施設に関する研究2018(抜粋版)』4-5ページ
ヨハン・ホイジンガ，高橋英夫翻訳 (1973)『ホモ・ルーデンス』中央公論新社

パラリンピック選手強化の困難に向き合う

金メダル獲得をめざす支援者の闘いと創造

荒井秀樹

パラ・ID（知的）ノルディックスキー日本チームGM
北海道エネルギー株式会社パラスキー部監督
星槎道都大学経営学部特任教授
株式会社電通顧問

1 世界と日本

ゼロからの出発

　私が冬季パラリンピックと出会ったのは1998年に日本で初めて行われた長野パラリンピック冬季大会でした。この大会は日本の障がい者スポーツに大きな変化を与えました。

　私は北海道の旭川市出身で、クロスカントリースキーを中学からやっていました。兄もクロスカントリースキー選手だったこともあって夏も冬も部活の練習に取り組んでいました。東京の大学を卒業した後、東京都特別区の公務員になり、働きながらクロスカントリースキーも続け国体や全国大会に出場したり東京都の中学・高校のスキー部でクロスカン

トリースキーを指導をしていました。そういう縁もあって、1995年秋に「長野パラリンピックのヘッドコーチをやってもらえないか」と厚生省（現在の厚労省）・日本身体障害者スポーツ協会（現在の日本障がい者スポーツ協会）からオファーがありました。私は役所に勤めながら土曜と日曜に実施しているジュニアの練習とパラリンピック選手たちを一緒にトレーニングすればいいと思い引き受けることにしました。ところが、長野パラリンピック準備室の方から、「実はまだクロスカントリースキーに出るパラリンピック候補選手がいない」と言うのです。

　残された期間はたった2年。そういう状況の中で、どのように選手を集め強化し、結果的には長野パラリンピックで金メダル、銀メダルを獲得することができたのか、そして6大会連続メダリスト輩出することができたのかを皆さんにご紹介しましょう。

　1996年2月に、スウェーデンのスンネでIPC障害者ノルディックスキー世界選手権大会がありました。厚生省長野パラリンピック準備室の方、白馬のクロスカントリースキー競技委員長、野沢温泉のバイアスロン競技委員長やコースを設計する方などで世界大会を視察に行きました。2年後に長野でパラリンピックがあるのに、まだ日本選手を参加させることができなかったことはとても残念でした。

　驚いたことがいくつかありました。ノルウェーの監督が全盲の方でした。盲導犬を連れてコース脇を歩いてきて、スキーポールが突き刺さる音を聞きながら、「もっとピッチを上げて」だとか、ガイドと選手の間隔が広過ぎるから「もっと狭めてここは上っていかないと駄目だ」とか、そういう指示をしているのです。

　私が想像していた以上に競技レベルは高く、視覚障害選手が、ガイドの声だけを頼りにS字カーブや森の中のコースをトップスピードで下っていくわけです。どうやって方向を誘導するのだと聞いたら、時計の針の12時が真っすぐで、右は1時、2時、左は11時、10時という時計を基準に、たとえば右に10度誘導するときには1時、2時は少し急角度、

3時といえばもう思い切り急激なターンです。下りの斜度の大きさは声の大きさで表していました。

　それが可能なのは、ガイドと選手が普段の生活や夏のトレーニングから一緒に生活して、お互いにあうんの呼吸ができているからです。

　日本ではまだ選手もいないようなときに、これは正直ショックでした。

　もう1つ驚いたことは、トレーニングや普段のホテルの生活を選手たち自身でやっていることでした。朝食で車いすを使用している選手と全盲の選手が2人だけでレストランにやってきました。視覚障害選手が車いすを押し、車いす選手が2つのトレーに食事を選んでいました。今まで私のイメージは、日本ではボランティアの方たちが障がいのある選手に熱心にサポートをしている姿をよく見かけていました。選手たちが自分たちでできることは自分たちで行う、当たり前のようですが、とても新鮮に見えたのです。

　いろいろな個性あるいは多様な人たちが一緒に生活し、共に助け合っていくということが、すでに海外のパラリンピックチームの中では自然と行われていたのです。

日本のパラスポーツ認識のレベル

　長野パラリンピック当時の日本社会の認識はどのようなものだったでしょうか。長野パラリンピック組織委員会が作った3枚のポスターがあります。その1枚が「両手があっても、人間です。両手がなくても、人間です。」というキャッチコピーのもの。2枚目が「視力があっても、人間です。視力がなくても、人間です。」、3枚目が「両足があっても、人間です。両足がなくても、人間です。」と、黒地に白文字で書かれているポスターでした。

　これに対して、「このポスターでいいのか?」と意見が選手や関係者から続出しました。当時の『信濃毎日新聞』の記事から紹介しますと、「極

端に差別的な表現とは思わないが、実は障がい者は人間なのですと言われているようで引っ掛かる」。「私にとって障がいは個性。不自由でもないし、障がいの有無で自由、不自由は決まらない」。パラアイスホッケーのキャプテン松井順一さんが、コメントを出していました。

　当時、選手や携わっている者たちにとっては、障がいはあくまでも個性で、スポーツをやっているパラリンピアンなのだというイメージでした。静岡県立大学の石川准先生は、「スポーツ大会なのにどうしてこのようなポスターが必要なのか。日本では、障がい者のやることは、全て福祉的な文脈で語らないとしっくりこないようだ。その感覚に違和感を感じる」とコメントを寄せていました。

　この3種類のポスターは、結局「お蔵入り」となったのです。当時は社会のパラリンピックへの認識と選手との間には大きな開きがあり「パラリンピックをスポーツとして見て欲しい」「私たちを選手と見て欲しい」という願いが社会の意識を変えさせたのが長野パラリンピックだったということを、覚えておいてください。

社会の認識を変える・支援を創る

　では、そういう社会の認識からどうしたか、どのようにして支援の輪を作ったのかをお話ししたいと思います。私は当時、江東区深川スポーツセンターの所長をしていました。深川地域の社会体育振興の担当でマラソン大会やスポーツ推進委員の方とスポーツ教室等の事業を行ってきました。江東区は地区ごとに区立総合スポーツセンターが6館、都立総合体育館が1館があり、子供から大人まで生涯スポーツがとても盛んな地域です。そこで街の人たちがたくさん集うスポーツセンターでパラリンピックイベントを行えば、多くの人たちにパラリンピックのことを知ってもらえると考えました。深川スポーツセンターでパラリンピック選手を呼びトークショーや競技用具などを展示したパラリンピック展、

パラ応援コンサート等いろいろなイベントを行いました。メディアの方たちも、パラリンピック選手の話を直接聞きたいと取材申し込みが増えて新聞で報道されるようになりました。

　パラリンピックチームには資金も足りなくて、国際大会遠征も大変だし、選手の国内合宿費、用具代やユニホーム代などもそろっていないという現実をみんなに知ってもらうことができました。

　パラリンピックのことをまずは知ってもらうことを大切にしてきました。そこで次にどうするかというと、新聞の取材をなるべく受けて、記事にしてもらい、その記事のコピーを使って寄付やチームスポンサー募集の企画書を作り、パラリンピックの支援金を集めるために企業回りをするのです。でも、企画書を企業へ送り電話をしてもなかなか効果はありませんでした。でも諦めないでずっとやっていました。どなたかの紹介で訪問したりすると、名刺交換をした方に、海外の大会に行ったときなどに、私は絵葉書を書きました。「今ここでトレーニングをしています」「いつも応援ありがとうございます」と写真をシールにして貼ったり、選手のサインを書いた絵葉書を会社に送るのです。少しでも知ってもらおうと続けて来ました。

　次にまた企画書や活動報告書を持っていくと、今度は課長を紹介していただき、課長と名刺交換する。今度は課長に絵葉書を出します。そうすると、次に行くと課長や担当の方から「頑張っていますね」という話となり、何とかチームを応援してもらうために資金をお願いできないですか、今度の大会でワールドカップに行くのに1人50万円ぐらいかかるが、ワックスのコーチを連れてきたいので50万円ぐらい支援をお願いしたいのですがという話をするのです。そのようにして、支援の輪を広げていくということを当時やりました。本当に大変な時代でした。

　いよいよ大会まであと1年というときに、新しいポスターが完成しました。「選手として見てほしい、スポーツとして見てほしい」という当時の選手たちの願いが組織委員会に通じて、すてきなポスターを5枚

作ってくれました。

『信濃毎日新聞』がこのポスターを紹介したときに、スレッジスピードの松江美季さん（現マセソン美季さん）が、「障がいのある人がスポーツをするなんてすごいという時代は終わりにしたい」というコメントを出しています。この言葉は今でもパラリンピックの選手たちの原点ではないでしょうか。

選手の発掘

バンクーバーと平昌で金メダルを取ったのが新田佳浩さんです。私は彼が中学校3年生のときに出会いました。

2年後に長野パラリンピックをひかえ、全国から応募して来た選手を15人か20人ぐらいに絞っていたときでした。長野オリンピック・パラリンピックが行われるクロスカントリースキー競技委員長の和田光三さんが、「そういえば、岐阜県の鈴蘭であった全国中学校大会に片腕の中学生が出ていたな」と言うのです。全中大会に出ている片腕の中学生を探そうと決めて、岐阜県の大会実行委員会の先生方に聞いても誰だか分からないと言うのです。なぜかというと、リザルトやスタートリストには、片腕の選手とは書いていないし、学校名と個人名と成績の一覧表はありますが、誰だか分かりません。

私の手元に全中大会のプログラムがありました。後ろのほうに選手が宿泊した旅館の一覧表があったのです。これだと思いました。旅館で選手の世話をした方なら、中学生で片腕の子がいたら何か覚えているはずだと。何件か電話したところ、「片腕の中学生が泊まりました。うちは岡山県の選手団が泊まった宿舎です」と教えてくれたのです。

すぐに岡山県スキー連盟に電話しました。「西粟倉中学校の新田佳浩君です」と教えてもらい、中学校へ電話を入れました。スキー部顧問の春名先生から新田さんに連絡を取ってもらいました。お父さんが会って

くれるということで訪ねて行きました。「新田君を2年後に開催される長野パラリンピックに挑戦させてみませんか」という話をしました。でもお父さんは、「申し訳ないが息子を障がい者としては育てていないので」と言うのです。

　実は、新田君は3歳のとき、おじいちゃんが運転していた稲刈り機のコンバインに手を入れてしまって、腕を持っていかれてしまったのです。ご両親が息子を障がいがあるということで育ててしまうと、おじいちゃんがずっと負い目になってしまうから、障がいとは関係なく育てようと決め、小さいときは少年スポーツ団に入って、あえて両足両手を使うソフトボールやクロスカントリースキーをやったというのです。

　厚生省に全国に呼び掛けて選手を集めてくれと頼んでも、岡山県庁から彼の推薦が出てこないわけです。

　それでも、お父さんには「彼にやってほしい、パラリンピックは福祉やリハビリの延長ではなく、スポーツとしてのパラリンピックだ」という話をしたのです。直接、新田君にも話をし家族会議で話していただいて、「長野パラリンピックに挑戦します」と合宿に来てくれました。そのときの喜びは今でも忘れません。

　ほとんど初心者に近いパラノルディックスキーチームでしたが、彼が加わったことで上達が早くなった選手も出てきました。そしてチーム全体も技術的にも前進して行きました。ここで学んだことは必ずチームリーダーを作らないとダメだということです。

障がい者スポーツの選手強化

　世界レベルで勝つためには選手強化がどうしても必要です。

　写真1は新田選手が高校生のときのフォームです。障がいのある左手がほとんど振れていません。スキーは左右のバランスがとても大切なスポーツで、右左のスキー1本に体重を乗せていくという作業が必要なの

です。彼と一緒にお風呂に入ったら、左側の広背筋など左側の筋肉が非常に弱いことが分かりました。

　そこで、左手を大きく振らせるためにどうしたか。たとえば食事のとき彼はいつも右手だけ使っているので、「新田君、左手のほうもテーブルに上げて食べたほうがいいよ。お茶わんが持てなくても、お茶わんを持つふりをして食べたほうがいいよ」という話をしました。挨拶をするときも、両手を前に添えて挨拶をしたり、話を聞くときもそのようにしたほうがいいよと。そのようにして、普段の生活の中から左手をどんどん使うようにして左肩の可動域を増やしていったのです。

　次に、新田選手のタイムを具体的な数値にして示しました。世界のトップとの1キロ当たりのタイムはこういう差になっていると。そしてその差を1キロごとの目標値を可視化しました。たとえば、新田選手は世界ランキング5番で1キロ2分52秒でしたが、トップは2分48秒だったのです。そこで彼をランキング1位にするためには、目標値を約3％アップだと決めたのです。

　そうなると、3％以上のことを自分の目標としてやればいいのではないかということで、いろいろなトレーニングが決まってくるわけです。

　新田選手の言葉ですが、「工夫しながら努力して粘り強く継続する」そうすれば、**写真2**のように非常にきれいなフォームに変わるのです。片腕を感じさせないパラリンピックでは1番のクラシカルフォームといわれています。高校生のときのフォームと比べると、彼の左手の振りが

まるで違います。2010年のバンクーバーで、彼は2つの金メダルを獲得しました。長野から12年間トレーニングを続けてきて、彼は頂点に立つことができたのです。そして、大好きなおじいちゃんに「もう心配しなくていいよ」と金メダルをかけてあげることができたのです。

　そしてもっとすごいのは、そこから8年後に、また平昌パラリンピックで金・銀メダルの偉業を達成したことです。彼は高校生で長野パラリンピックに出場し現在も頑張っています。パラノルディックスキーで長野に出た選手が今も現役を続けているのは彼だけです。これから次の世代を育成しながら、そういう役割を担っていくのかなと思います。

2 新たなテクノロジーの活用

　平昌パラリンピックに向けて、日本チームが取り組んだことがあります。ソチパラリンピックで感じた世界との差をどう克服するか、それには日本の企業の技術力をなんとかパラリンピックチームに活かすことが

できないかと考えました。

1つは、平昌は雪の降らないところなので、全て人工雪でした。ですから、スキーのソールに細かい溝を入れるストラクチャーの開発が重要でした。ドイツやスウェーデンで市販されているものがありますが、日本オリジナルのものが欲しかったのです。

市販されている板のソールにストラクチャーという歯車で傷を付けると、**写真3**のような模様が入ります。これで、少しウエットな雪だと水をはじいてくれて、スキーが滑るわけです。ストラクチャーがないと、ガラスとガラスの間に水を入れたようにびたっとスキーがストップしてしまうのです。

われわれは、外側に広がっていくストラクチャーの溝を付けるようにしました。これは筑波大学と長野県の株式会社浜島精機と日本チームのワックスチームが開発しました。浜島精機は宇宙開発等の精密機器を製作している会社です。

このストラクチャーによってどれぐらい差がでるかというと、同じ選

写真3　日本初のストラクチャー

手が同じ条件で1000メートル滑走した場合、市販されているストラクチャーで仕上げたスキー板とこの開発したスキー板では100メートル以上の差がついてしまうと言われています。

気象情報とワックス

もう1つは、平昌は風が強かったり寒かったりといろいろな気象条件が変わるので正確な情報が必要でした。そこで株式会社ウェザーニューズに協力を依頼しました。地球上の海にたくさん日本の船舶が航海していますが、ピンポイントで、その船が行く先々の気象予報を提供している会社です。

クロスカントリーの5キロのコース、10キロのコースで先々の気温と雪温を予測してもらえれば、ワックスを塗っていく際に絶対プラスになるだろうと考えました。

クロスカントリーコースの気温が何度、雪温が何度ということを、実況のデータを把握すると同時に、30分後、1時間後の予報を立ててもらったのです。これが、新田選手の10キロのレースでは、物の見事に当たりました。11時ぐらいのスタートだったのですが、その30分後には気温が上がると読んで、ワックスチームは暖かい雪用の少し粘り気のあるワックスを塗りました。

スタートしてすぐ転んだのは硬い雪とぶつかったからで、ある意味私たちにとっては想定していた転倒で、最後の1周で逆転してゴールすることができました。いわゆる3周目の雪質に一番合ったワックスを、ワックスチームが作ってくれたということです。これが勝てた主な要因だと思います。

クロスカントリーは30秒ごとに選手がスタートしていきます。全員一斉に出ていけば、自分が今何番で走っていて、前があそこだから100メートル負けているとかが分かるのですが、クロスカントリーは1人ずつ出ていくので順位が非常に分かりづらい、さらに障がいの程度によってハンディがいろいろ決められているので、その計算もしなければなりません。

昔は、コーチがコースにいてストップウオッチで測って、何秒差だと教えていました。しかし、そこにクラスの違う選手がいると、ハンディキャップのパーセンテージを計算しなければいけません。電卓でもう1回計算したら、実際は5秒勝っていたけれども記録では6秒負けているといったことを伝えるのですが、もうはるか向こうに行ってしまって、次のコーチに無線で伝えるようなことをやっていました。

日本チームのコーチが松本市にある株式会社アドヴァンスト・インフォーメイション・デザインに相談し「タイムランチャー」という順位・タイム差測定ができるソフトを作ってもらいました。たとえば1周目は1位が新田選手より9秒早い（新田選手を基準にしているので、彼は全部ゼロ）、2位は6秒早いとわかります。このように全選手の情報が瞬時のうちに把握でき、他の選手たちにもコーチたちにも伝えられます。世界にないソフトで、これが大変有利でした。

3 平昌大会から見えてきた課題

平昌パラリンピックを振り返ってみて、課題がいくつかありました。

練習拠点

　ドイツのオーバーホーフにある施設では、1年を通じてクロスカントリーができます。大きな体育館の中に人工雪を敷き詰めた2.5キロのコースが付いています。2階には指導をする部屋があって、コースが全部見られるわけです。選手のフォームを見たり、選手は全員ハートレートを付けていますから、心拍数なども把握できるのです。こういったような施設が、今フィンランド、スウェーデン、中国にもありますし、どんどん増えていくと思います。日本が、オリンピックもパラリンピックもウインタースポーツで勝つには、365日スキーができる環境を早く作る必要があります。

他競技からのコンバート

　平昌パラリンピックで韓国が初めて金メダルを取りました。車いすバスケットボールからシットスキーに転向して、3年目の選手です。他の国でも競技間を超えたスポーツの交流が生まれてきています。夏も冬もやる選手が増えてきています。日本においてもウィンタースポーツに挑戦してくれる選手を増やしていきたいです。

日本の役割

　日本はアジアにおいてどういう貢献をしたか。

　たとえば、2011年には韓国にはまだシットスキーがありませんでした。私と長田弘幸選手が2人で韓国に呼ばれて、シットスキーの乗り方やトレーニング方法を教えてきました。

　2番目は、平昌に中国の女子選手が出場しました。中国アルペンヘッドコーチは元日本チームヘッドコーチだった伴一彦さんが指導していま

した。中国は4年後に相当強くなると思っています。

　3つ目は、日本で事前合宿をやっています。本番の前に日本に来て、日本でトレーニングをして平昌に入るということをやりました。例えば、カナダは、北海道の伊達市で事前合宿をやりました。これも平昌パラリンピックの特徴でした。

日本の課題

　ワールドカップを国内で開催して、パラリンピックを多くの人に知ってもらうという機会をつくることが重要だと思います。札幌で国際大会、パラノルディックスキーワールドカップを2年ごとに開こうということでやっています。

　札幌が2030年にオリンピック・パラリンピックをやると手を挙げることを決めました。応援するファンをつくり、子どもたちに、2030年には中心になって頑張ってもらいたいと思っています。

　パラリンピックに向けて頑張る、活躍することも必要なのですが、やはり障がいのある子どもたちにスキーの楽しさや雪遊びの楽しさを伝えていくことも大切だと思います。

　最後に、パラリンピックの選手たちが競技をやっていく中でも、先ほど新田選手の話をしましたが、障がいのある左手を最大限に振ることによって速くなっていくということを考えると、失ったものを数えるのではなくて、今あるものを最大限に生かすことが、このパラリンピックの精神になっているわけです。

　「失ったものを数えるな、残されたものを最大限に生かせ」──。

　ルードウィッヒ・グットマン先生の言葉です。

ボランティアとして関わったパラリンピックの魅力

求められる支援力と受援力

櫻井誠一

（一社）日本身体障がい者水泳連盟常務理事・技術委員長
日本パラリンピック委員会副委員長

障がい者の水泳指導に関わる

　なぜ私がボランティアに関わるようになったのか、ということからお話したいと思います。

　私は元々水泳の選手で、神戸市役所の職員として実業団の大会にも出ていました。そういう関係で、行政から、障がい者に水泳を教えてくれないかという話があって、障がい者の水泳教室に関わっていきました。

　その後、フェスピック神戸大会（現在のパラリンピックのアジア大会）が開催されることになり、地元の選手たちでチームを作って大会に出てメダルを取ろうと盛り上がりました。そして、神戸楽泳会というクラブチームを結成し、障がい者の水泳を支える仕組みを作ったのです。

どういう仕組みかといいますと、神戸市市役所水泳実業団チームの選手が、障がい者の選手たちと一緒に練習をし、指導をする。大会遠征にコーチとして参加する。ボランティアに必要な費用は神戸市役所の水泳部のみんなが寄付などを集める、という仕組みです。

　私たちは競泳の選手ですから、競泳のスタイルで教えました。そうすると、いろいろな障がいを持っている方もうまくなっていきます。全国大会に出ると、神戸楽泳会がリレーも含めてメダルをかっさらっていきました。どうしてそれほど強くなったのか、それは競泳の選手が教えているからだということで、初めて日本における障がい者スポーツの中の水泳の部門に、いわゆるアスリートとしての本格的な競泳スタイルの指導が導入されたのです。

　その後、全国から指導をしてほしいという話があり、時間の許す限りやりましょうということで、ボランティアを続けて今日に至っています。

なぜボランティアを続けてきたのか

　私がボランティアを続けてきた理由に、ある人の言葉があります。フェスピック神戸大会を開くときに、競技会というよりもイベントとしてこのスポーツ大会をやろうとしました。そのとき、障がい者をそのようなイベントに駆り出していいのだろうか、ある意味見せ物のようなことさせていいのだろうかと、私は疑問に思いました。そこで、障がい者の皆さんに尋ねたのです。「そのようなイベントに出て、嫌ではないのか」と。

　それにたいして、「私たちは社会に出たいのです。私たちは社会でチャンスがあまりないのです。ですから、イベント的なフェスピック大会であっても、そういう晴れがましい舞台に私たちは出たい。もし櫻井

さんがそういう私たちに対する気持ちを持っているのであれば、どうかそのボランティアを継続してください」と言われたのです。

　そう言われたらもう後には引けません。それで私は、仕事も忙しいし、いつボランティアをやめることになるかも分からないけれども、ともかく続けることに意義を見いだそうと考えました。それが継続するきっかけになったのです。

身体の動きにたいする科学的興味

　やり始めると科学的興味がわいてきました。元々が水泳の選手ですから、どうやったら自分の泳ぎが速くなるかということを考えます。障がいがある方を指導していく過程で、障がいがあるときに、どうやって泳ぐのだろうか、どうやって泳がせればいいのだろうかというところから、自分の体、手や足のバランスをどのように取って泳いでいるのか、水抵抗を少なくする泳ぎ方はということを考えるようになったのです。小学生だった片上肢欠損選手の動作解析を大学の先生と行い、最適な泳ぎ方の研究などもしました。トップスイマーになっている1人の選手は、欠損側の腹筋が大きく、それで左右の泳ぎのバランスをとっていることなども分かって来ました。

　ペンフィールドの図(**図1**)というものがあります。これは、皮膚や粘膜で知覚される感覚、たとえば手といった身体部位が知覚する感覚・運動が大脳皮質のどのあたりに、どれくらいの面積を占めて影響を与えているかという図です。手や唇が大きく脳の活性化に寄与していることが知られています。

　また、たとえば人差し指が動くのは、脳のその部分から指令が出て、脊髄、それから錐体を通って抹消の神経までいって指が動くという構造

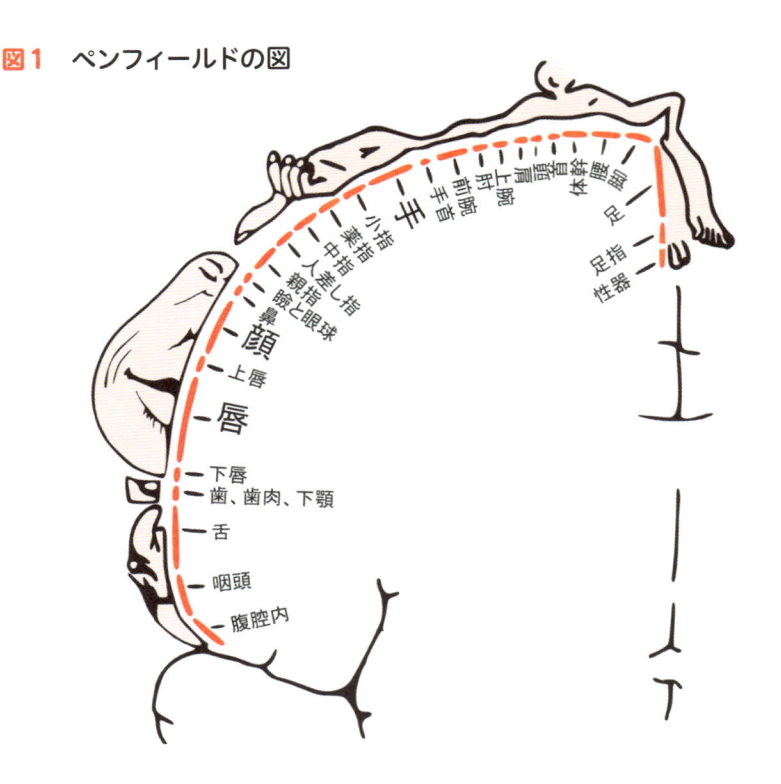

図1　ペンフィールドの図

になっています。私たちは何も考えずに動かしていますが、実は頭の中では瞬時にこういうことが行われているのです。

　たとえば、両上肢欠損の選手は足でお箸を使って食事をしたり、泳ぎ終わった後、ゴーグルを外したり、鼻を拭いたりします。車まで運転しています。その動作は、実は手と変わりません。足が手のように動いています。

　選手によっては、脳の中で、足の領域が手の領域にまで影響を及ぼしているということが科学的にわかってきているそうです。

　このように、人間の能力というものは本当に奥深いものがあるのです。

　人間は頭や体を使っているといいながら、使っていない部分のほうが多いのです。自分が1つの能力を開発しようと思うと、そこを使い続けます。そこをうまく使うことによってどんどん能力が発達していきます。

そういう意味で、人間の可能性をすごく感じます。

　このような科学的な興味から得られた知識が非常に参考になったし、人間には常に発達の可能性があるのだということを信じられるようになっていった。それが、ボランティアを続けられた1つのきっかけだと思います。

仲間との出会い

　ボランティアを続けるなかで、素晴らしい仲間とも出会いました。

　1人は河合純一選手。彼がすごいと思ったことを紹介します。彼と一緒に電車に乗ってあるところへ行ったときのことです。私は神戸から出てきたので、東京の乗り換えの駅が分からない。ところが彼は、何線に乗ってどこの駅で乗り換えて、こう行ったら目的地に行けると全部覚えているのです。

　また、河合さんは、たとえば50人の方がいたら、50人の声を聞き分けるのです。目が見えない代わりに、音を聞き分ける能力がものすごく発達しています。しかも、それを記憶しているのです。10年前会った人の声を聞いて、誰々さんと答えられる能力があります。彼にどうしてそのようなことができるのかと聞いたところ、たとえば生徒さんの顔を覚えるとき、先生は一生懸命写真を見ながら覚えていますね、それと同じですと言うのです。声を聞いたら、それを一生懸命自分なりに毎回復習しながら、覚えていっていますと。そういうすごい努力があるのです。

　もう1人は成田真由美さん。彼女は小学校6年生のときに障がいを持って挫折を味わうわけです。走れていたのが走れなくなる。そこから、自分は失ったものを数えるよりも得たものを数えていこうと気持ちを切り替えて、そしてパラ水泳の世界に飛び込んで、見事メダルをどんどん獲得していきます。

私は阪神・淡路大震災で被災者支援についてのプログラムを企画開発する役割を与えられました。そのときに、これだと思ったのです。何かというと、まずは自分がいま置かれている状況を受容しよう、受け入れた中から新たな未来を見つけていこう、それがあって初めて次のステップが踏めるということです。そこで私は、被災者支援のための「生活再建支援プログラム」を提案し、障がい者が社会の中に復帰していくというプロセスを参考にした形で、被災者支援のプログラムを作っていきました。いま、このプログラムの要素は、さまざまな災害からの生活再建で使われています。

　このような人との出会いが、私のいろいろな仕事にも役に立ちましたし、人生にも影響を与えていったと考えています。そういう仲間と出会えるということが本当に楽しい。そこには利害などありません。純粋にお互いが楽しみ、そして支え合える。そういう関係づくりができていくといいと思います。ボランティアというものは、そういう意味では素晴らしいものがあります。

ロンドン大会から 何が変わったのか

　パラリンピックにとってロンドン大会は大きな転換点でした。それまでのパラリンピックは、どちらかというと障がい者のリハビリやスポーツの延長線上でした。それがロンドン大会からアスリートとしてきちんと見ていこう、メダルの価値というものをオリンピックと同じように考えていこう、オリンピックとパラリンピックの価値は同じなのだ、という考え方に大きく方向転換したのです。

　北京から変化はあったのですが、ロンドンの市民性がそれを大きく後押しして変えました。そのロンドンで起こった流れがリオにも受け継が

れていきます。アスリートとして彼らがハイパフォーマンスを見せて戦う姿を私たちは目にする。それを一生懸命皆で応援する。

そういう意味ではロンドン、リオでパラリンピックというものの価値が転換し、アスリートとしてきちんと見ていこうということになった。その前提に立って、東京大会を考えていくことが必要です。

IPC（International Paralympic Committee）という国際機関が、パラリンピックで何を目指すのかということを示しています。それはインクルーシブな社会、共生社会です。

では、共生社会とは何だろうと考えたときに、「排除しない社会」「異質なものを受け入れる」ということを考えてほしいのです。皆さん方の周りに、色の黒い人もいれば色の白い人も、障がい者もお年寄りもいます。そのときに考えてほしいことは、いま一緒にここにいる人、ボランティアとして関わっている人を単純に障がい者と呼んでいいのかということです。障がい者と呼ぶということは、学生と呼んでいることと一緒ですよね。それは人として、個として表している言葉ではありません。そうではなくて、誰々さん、誰々君なのです。そういう関係づくりが、インクルーシブな社会を生んでいくのです。

1人ひとりが個性を残しながら、社会で暮らしていくということが大事なのです。そういうことをインクルーシブな社会、共生社会というように理解しましょう。

たとえば公共プールに、障がいを持った人が行ったとすると、窓口の係の人が障がいの程度も、どんな障がいかも見ずに、障がいというだけで、付き添いの人がいないと入れませんとその人を判断してしまう。そういうことはいまの日本の社会でたくさんあります。そこで考える。この人の障がいは一体何だろうか、この人は1人でプールに入れるのだろうか。それは聞けばいいのです。どのような工夫をすれば、その人が入れるのかを考えればいいのです。そこのステップを抜かして、障がい＝できない、という考え方が日本社会の中には根強いと思います。

私たちが本当にいろいろなところに行って戸惑うことは、判断が悪意でなされているのではないことです。知らないだけです。気づかないだけです。聞こうとしないだけです。そうではなく、1人ひとりの個性というものを、個というものを聞いて、相手を理解するという考え方に立ったものが、インクルーシブな社会を創出していくのだということです。

４つの価値

　IPCが提唱するパラリンピック４つの価値「勇気と決意とインスピレーションと平等」。これは、障がい者だけではなくて、日常私たちがいろいろなことをするうえでも、人生の１つの指針になると思います。

　カナダのスポーツへの取り組みを見ると「障がい者もハイパフォーマンスを目指す」となっています。一般の皆さん方が運動するときは、2〜3歳ぐらいから体を動かすことで神経系が開発され、その運動能力が評価されていきながら、トレーニングというものを学んでいきます。その後、自分がレクリエーションを楽しむとか、健康を維持するために運動をしたり、それから競技をしたり、ハイパフォーマンスを目指すということが行われていきます。

　障がい者の場合は、そこにリハビリテーションが入ってきます。日本では、1964年の東京パラリンピックとその後、厚生省（現・厚生労働省）という福祉部門の所管庁が障がい者のスポーツを担当しました。そのために、障がい者のスポーツは、健康の維持、リハビリテーションを中心に取り組んできました。競技を楽しんだりハイパフォーマンスを目指すということはありませんでした。

　ところが、2020年東京パラリンピックが決まり、ロンドン、リオと関係者がいろいろなところに見に行って、何が違うのだろうと探ったと

きに、実はここだったのです。競技を楽しんだり、アスリートが自分の持っている能力をハイパフォーマンスに高めて、それを見てもらう。パラリンピックにもその視点が必要なのだということに初めて気が付いて、障がい者スポーツの所管が厚生労働省からスポーツ庁に替わったのです。まだ日本は、そういう意味では障がい者のスポーツ、パラスポーツというものは発展途上です。多くの国民もまだこの価値を知らないし、まだ福祉の領域のジャンルだと思っています。

　国民体育大会が毎年行われています。国民体育大会は都道府県対抗で必死になって戦い抜いて、日本一を決める。まさしく競技そのものです。国民と名がついていてもここに障がい者が出る仕組みにはなっていません。

　その後に行われる全国障がい者スポーツ大会に障がい者は出場します。この大会は、厚生労働省が所管していた関係で、社会参加が目的です。一生に1回出たらいいですよとか、初めての人を出してあげましょうといった仕組み、つまり福祉のジャンルだったのです。現在、いろいろなところに障がい者スポーツセンターができていますが、そこでやっているものは何かというと、福祉の取り組みなのです。

　ですから、障がい者でハイパフォーマンスを目指すアスリートが障がい者スポーツセンターに行って練習したいと思っても、逆に練習になりません。ハイパフォーマンスを目指すアスリートは、オリンピックを目指す選手たちと同じ場所で練習できる仕組みにしないとだめなのです。

　日本の国を変えるということ、いま求められていることはそこなのです。パラリンピックのアスリートたちもオリンピックの選手と同じような施設で練習できるようにすべきなのです。最近ナショナルトレーニングセンターでパラリンピックの選手も練習できるようになりました。

　ただ、スポーツ庁がそのように変わっても、都道府県の末端まではまだ変わり切れていないし、国民の意識も変わっていません。国民体育大会と同じく県民大会、市民大会と言っても、そこには障がい者が参加す

2019年度兵庫県選手権水泳競技大会で健常者とともに競技するパラ選手。

る仕組みにはなっていません。2019年、兵庫県が県選手権に障がい者を受け入れたことは特筆すべきことでしょう（**写真2**）。

　そこがこれからの課題なのです。欧米では既に行っていることを、東京パラリンピックを経験して、そのように仕組みが変わっていけるのか。これが、国際的にも日本の国が試されているということなのです。

　一番心配することは、目の前のオリンピック・パラリンピックの準備に終始して、レガシー、何を残すかという議論が十分に行われていないのではないかということです。パラリンピックの後に一体何を残すのかという議論は早く始めないといけないし、それを日本の社会の中にどう埋め込んでいくかという議論を進めていかなければいけないと思います。

「受援力」という視点

　ボランティアとしていろいろな活動をしたいと考えている方も多いと思います。その立ち位置でいくと支援者です。他方、支援を受ける人は受援者です。支援を受けるということを「受援」といいます。支援力と受援力。皆さん方は支援する力ということは聞いたことがあるかもしれませんが、支援を受ける力とは何だろうと考えるでしょう。実はこれは、防災の言葉から出てきています。

　阪神・淡路大震災が起こったときに、多くのボランティアが被災者支援に入っていきました。ボランティア元年といわれました。1・17はボランティアの日でもあります。

　その後も、全国で地震が多発しました。阪神・淡路大震災は都会型の災害ですが、能登半島の地震は農山村型でした。そういう地域にボランティアが阪神・淡路大震災と同じように入って行ったのです。そうしたら、そこの被災者たちはボランティアをなかなか受け入れようとはしませんでした。よそ者が来た、物を盗まれるのでは、お世話になるのは申し訳ないなどと理由はさまざまだったと思います。

　ボランティアが理解されていないということです。では、その人たちが壊れた家を自分たちで片付けられたのかといったらそうではありません。私たちは自分たちでできますと言ったのですが、とても自力ではできません。

　そのとき研究者、政府が入って、どうしてこういうことが起こるのだろうか悩みました。受援者＝支援を受ける側にその心積もりがないとき、彼らの心をどう開くのか。支援する側が自分の思いだけで支援しても、相手の心は開きません。支援を受ける人のニーズ、支援を受ける人がどうやったら受け入れられるのかということを考えようということから、「受援力」という言葉が生まれたのです。

能登半島地震のとき、神戸大学の学生とチームを組んで行ったボランティアは、「足湯」というものをやりました。そこに足を漬けたら気持ちいい、ということだけをしました。そうしたら、おじいちゃん、おばあちゃんが来て、足湯は気持ちいいねという。そこから地震はどうだったとかいろいろな話を聞き出していくわけです。そしてニーズをつかむ。「そんなことがまだできていないの？　今度それを手伝いに行ってあげようか?」「本当に来てくれるの?」という関係づくりから、支援側と受援側がうまくつながって、それが生活再建なり復興につながっていく。支援の力だけでなく受援の力も大事だということが、そのとき明らかになっていったのです。

　ボランティア、支援するということは、いわゆる押し付けではだめなのです。自分がやりたいことをやるのだというのではだめで、やはり相手が何を望んでいるのか、本当に自分が役に立っているのか、寄り添えているのかということを考えながら、ニーズのマッチングをしていくということが必要なのだと思います。また、そのマッチングをする中間ボランティア組織なども重要です。

　では、アスリートに対して何を支援するのか。たとえば、体の動きを科学的に分析するという専門性の能力を必要としている人もいるかもしれません。「プロボノ」という言葉がありますよね。ある意味専門性を持ったボランティアです。たとえば、栄養のことを勉強しているのであれば、アスリートの栄養について自分の知識を高めながら提供していく。そのようなこともできます。また、競技を見に行って盛り上げようなども支援と言えます。

　そういう意味で、いろいろな場面で、支援と受援ということも考えながら、皆さん方がパラのスポーツに関わっていただけたらと思います。

パラリンピアンの脳を科学する

ニューロリハモデルとしてのパラリンピアンの脳

中澤公孝
東京大学大学院総合文化研究科・教養学部教授

1 パラリンピアンの脳を調べる意義

　「パラリンピアンの脳は神経リハビリテーションの最良モデルである」。私たちは、この視点からパラリンピアンの脳の特異性と、それをもたらす神経メカニズムについて研究しています。パラリンピアンは例外なく何らかの障がいをもっています。障がいは先天性にせよ、中途にせよ、脳の代償性変化を誘導することが知られていますが、パラリンピアンの脳においては、この代償性変化に加えて、競技トレーニングに特徴的な変化が生じるため、顕著な脳再編が生じると考えられます。この脳の再編は、競技パフォーマンスを最大化するための限界に近い身体トレーニングと、勝利や記録突破をめざす高いモチベーションがもたらすものであり、人間にとって最高水準の脳再編とみることができます。そのような脳の再編がいかなる神経メカニズムの基に生じるのかを解明することは、リハビリテーションにおいて、より効果的、効率的な機能回復を誘

導する介入法の開発につながることが期待できます。例えば、最近待望の臨床応用開始が伝えられた、iPS細胞による脊髄損傷の治療を考えてみましょう。脊髄損傷の中でも、特に重度な損傷である完全損傷では、脳と脊髄との連絡が文字通り損傷部で完全に途絶されます。この損傷部にiPS細胞を移植すれば、コンセントに電源ケーブルのプラグを差し込むと電気が流れるように脳との連結が一気になされるのでしょうか？答えは間違いなくNOです。むしろ期待されるのは、とにかく脳との信号のやり取りがわずかでもいいので可能となることです。それが可能となれば、そこからリハビリによる脊髄と脳の神経回路の再編が機能回復の結果を決定的に左右する肝となるのです。再生医療がますます進歩すると予想される今こそ、人間の組織（ここでは中枢神経）が本来有する再編能力を如何に引き出すのか、この課題解決に向けた基礎研究を加速することが急務といえます。このような視点に立つとき、パラリンピアンの脳は多くのヒントを与えてくれます。私が特に注目しているのは、前述した障がい後の代償性変化（本来その機能を果たすべき部位とは別の部位が機能を補完するように変化すること）とモチベーションです。ここでは紙面の関係で詳しくは述べませんが、後者についてのみ簡単に説明したいと思います。

　リハビリテーションの臨床においては結局のところモチベーションの有無が回復の程度を決める最大の因子ではないか言われるほど、その影響が大きいことが知られています。これに対しスポーツの世界では、競技者はたとえその程度が異なるにしても、皆、勝ちたいから、競技成績を伸ばしたいからトレーニングするのであって、モチベーションが無い人は皆無といっても過言ではないでしょう。このように考えると障がいを有する競技者は、日々強いモチベーションの基に限界に近い身体トレーニングを継続していることが想定され、彼、彼女らに観察される脳の再編は、それらの相乗効果による脳の再編であり、その程度は人間の脳が有する再編能力の限界に近いところまで引き出されているとみることもできます。では、モチベーションはどの程度の影響を持つのでしょ

うか？ モチベーションの強弱はおそらく脳の情動を司る部位の活動に関連しており、それが大脳の運動に関連する領域や最終的には脊髄の神経回路の可塑性（記憶の基となる性質）にすら影響を与える可能性があります。神経の可塑性が高められることが再編成の誘導に直接かかわりますので、モチベーションの大小がそのような形で中枢神経の再編を左右することが考えられるのです。情動系が記憶に強くかかわることはよく知られており（たとえば、心的外傷後ストレス障がい、PTSDなど）、運動の記憶にも運動系の可塑性を左右することで影響することが容易に予想できます。しかしそのようなシナリオが本当に成立するのか、1つ1つ丁寧に調べて証明していくことが必要であり、私たちもそれに挑戦すべく、日々奮闘しているところです。パラリンピアンは、間違いなく競技成績を高めるためのモチベーションを持っていますから、何らかの障がいを持つ人が強いモチベーションを持って、限界に近いトレーニングを続けたら、どこまで脳が変わりえるのか、その最大値に近いところを見せてくれるのではないか、そのように期待することができるのです。

　以上のように、パラリンピアンの脳研究をきっかけとして、いわばトップダウン的に、その再編を成立せしめるメカニズムを解明するための研究が次々に展開されていくことが期待されます。後半では、これまで私たちが調べてきたパラリンピアンの脳の再編や驚くべき身体機能について紹介したいと思います。

2 義足アスリートの脳

　図1をご覧ください。これは有名な義足の幅跳び選手が下肢の各関節周りの筋肉に力を入れたときに脳のどの部位が活動するかを調べた結果です。色が濃くなっている辺りがそれぞれの関節に力を入れたときに活動していた領域です。通常、脚の筋肉に力を入れる時は、その脚と反対

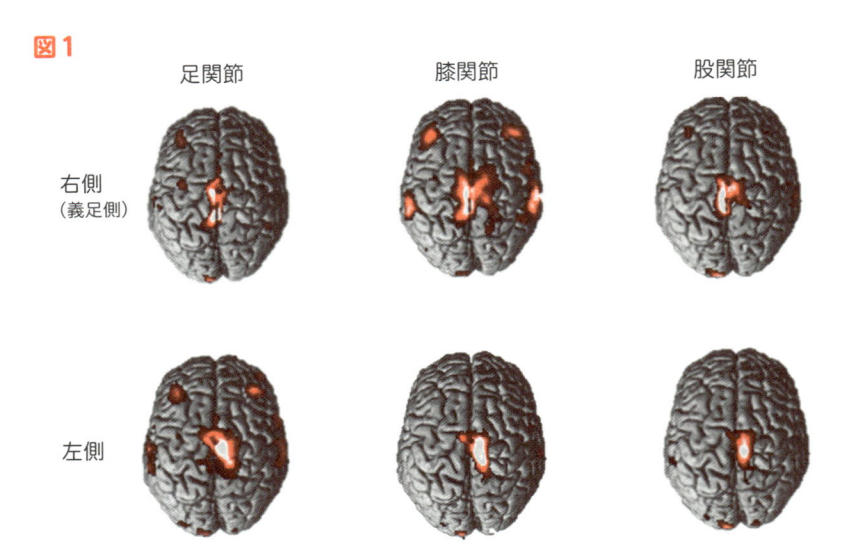

図1

足関節　　　　　　　膝関節　　　　　　　股関節

右側
（義足側）

左側

ＭＲが下肢関節周囲筋を収縮させた時に活動がみられた脳領域。義足側膝関節周囲筋の活動時にのみ両側性の運動野活動が観察された。

側の脳の頭頂部に近い辺りが活動します。この図でいえば、彼が義足側の膝周りの筋を活動させたとき以外はすべてそのような反対側の脳活動がみられました。ところが義足を最終的に動かしている膝関節周りを動かしたときにのみ、両側の脳の活動が観察されたのです。私たちはこのような結果を全く予想していなかったためかなり驚いたのですが、その後、彼と同じ下腿切断で競技をしていない人たちを何人もしらべたところ、両側の脳が活動する人はいませんでした。しかしやはりパラリンピック選手で、高跳びの選手を調べたところ、彼と同じ両側の脳活動がみられたのです。ここに至って私たちはさらに、この高跳び選手にお願いし、両側の脳活動の中で特に、動かしている側と同側の脳の活動が、運動野と脊髄運動ニューロン（ニューロン：神経細胞）をつなぐ経路（皮質脊髄路）が活動していることと関係しているのかを証明しようとしました。この証明に用いたのは経頭蓋磁気刺激という方法です。もし同側の脳活動が皮質脊髄路の活動を反映しているのであれば、その部位の細胞を刺

激して神経インパルスを誘導すれば、それがつながっている脊髄運動ニューロンが発火し、それが支配している筋に誘発反応が生じるはずである、という仮説の基に実験を行ったのです。その結果、見事に同側の筋肉から誘発反応が観察され、同側の皮質脊髄路が活動していることが明らかとなりました。皮質脊髄路とは、そもそも私たちが意志の基に運動するときに主役となる神経経路であり、手先の巧みな動作などが得意な人間においてもっとも発達している経路です。しかし通常は前記したように反対側の脳からの皮質脊髄路のみが働くのであって、同側の経路は健常者では働いていません。その経路が、今回調べた義足の高跳び選手においては、義足を最終的に動かしている筋においてのみ使われていることが分かったのです。このことは、おそらく日常生活では必要の無い、ハイパフォーマンスを実現するための競技特有の運動技術を習得するためのトレーニングに関係していると予想できます。つまり、競技に必要とされる極めて高度な義足操作技術を習得する過程で、通常は使われていない同側の神経経路まで使われるようになったと考えられるのです。言い換えると、幅跳びや高跳びで要求される高度な義足操作技術を実現するためには通常は使われることのない同側の皮質脊髄路も使う必要があったことが推察できます。従来、同側の皮質脊髄路は脳卒中後の後遺症が残った方[1]や脳性麻痺の子供[2]で使われることがあることは知られていました。しかしそれが義足アスリートでみられるとは、まったく予想していなかったことでしたので、かなりの驚きだったのです。

3 パワーリフター

　パワーリフティングとはベンチに仰向けになった姿勢からどれだけ重いバーベルを持ち上げることができるかを競う競技です。トレーニングに詳しい人ならベンチプレスという言葉をご存知でしょう。パワーリフ

ティングはパラリンピック競技ですが、パラリンピック競技の中で唯一、その記録がオリンピック記録よりも優れている競技です。つまり、オリンピック選手よりパラリンピック選手のほうがベンチプレスでは重いバーベルを持ち上げることができるということです。パワーリフティングの選手の多くは脊髄損傷などで下肢に障がいをもっています。障がいがある人のほうが健常者より記録が良いという事実は、障がいという単語がもつ一種ネガティブなイメージとは反するのではないでしょうか。

　私たちは、パワーリフターのほうが記録が良いという事実の背後には何か重要なことが隠れているのではないかと考え、パワーリフターの脳の働きを調べることにしました。

　対象となったパワーリフターは全員、脊髄損傷のため脚を動かすことができない対麻痺という障がいをもっていました。私たちは彼らが手首や肘、肩の関節を動かすときに脳のどこが活動するかを調べることにしました。この検査は、fMRIを使って義足の競技者の下肢を調べた検査の上肢版といえます。その結果は、パワーリフターに特徴的なものでした。それは、パワーリフターの場合、上腕の筋に力を入れる時に特徴的な広い脳領域の活動がみられ、健常競技者が手や指の筋に力を入れる時に広い脳領域が活動するのと逆のパターンを示すものでした。この結果はたいへん興味深かったのですが、まだ対象数が3名と少ないので、さらに対象者を増やして検証する必要があります。ここでは、この結果についての詳しい説明は割愛して、この検査の最中に発見したさらに驚くべき結果について紹介したいと思います。

（1）健常者より優れた上肢の能力

　前記した検査の中には握力計を握って手の力を発揮するグリッピングテストが含まれていました。この検査では、fMRI装置の中でモニターに表示される目標握力（最大の1割、2割などの軽い握力）を10秒程度発揮して

もらいます。その際、なるべく正確に目標握力を出していただきたいので、実際に発揮されている力の大きさもモニターに横線として表示して、目標握力と一致させるようにしてもらいます。そうすることでこちらが調べたい力の大きさを出しているときの脳活動を正確に調べることができるというわけです。この検査の過程で、私の研究室の大学院生があることに気が付きました。それは、パワーリフターの方が発揮する力の正確性がめだって優れていて、通常はどうしても避けられない力の揺れが際立って小さかったというのです。当初この点は調べる予定が無かったのですが、大学院生のこの話を受けて、それは何かあるのではないか、調べてみよう、ということになりました。まず、パワーリフターが発揮していた握力の揺れを調べたところ、明らかに健常リフターより小さく、一般学生などと比べてもずっと安定していることが分かりました。そこで、今度はアスリート、ノンアスリートにかかわらず脊髄損傷やその他の障がいのため普段車いすを使っている方を大勢調べてみることにしました。その結果、驚くことが分かったのです。

　図2は、脊髄損傷の中でも障がいの程度が重い、運動のマヒ、感覚のマヒが共にある完全損傷の方と、それ以外の障がいで普段車いすを使っている方、健常者の結果を比較したものです。棒グラフは棒の高さが低いほうが力の発揮が安定していることを示しています。それぞれの人に握力最大値の2％、10％、30％、65％の力を発揮していただいたときの力の揺れを比較しています。

　これを見ていただくと、脊髄損傷の方の握力発揮の安定性が際立って良いことが分かります。特に65％という強い力を発揮しているときは、棒の高さが健常者の半分ぐらいですから、2倍ぐらい優れているといってもいいぐらいです。この結果は、おそらく脊髄損傷によって脚の機能を失った、正確には動かすことができなくなり、感覚も無くなった、ことに対して上肢を担当している脳の働きが変わって、上肢を操っている脳の機能が健常者以上に発達した、ということを意味しているのかもし

図2

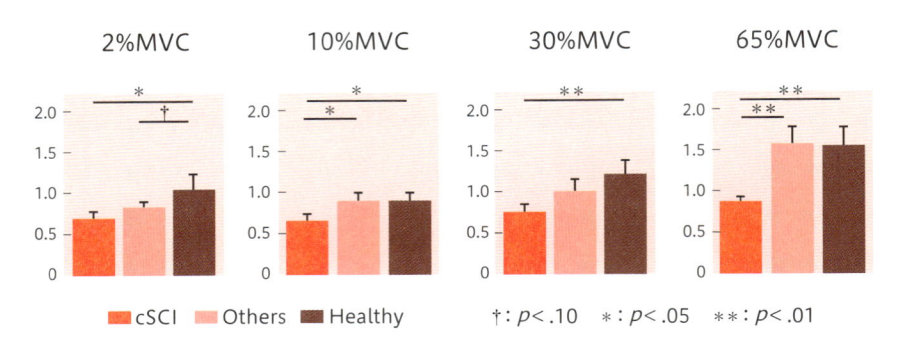

脊髄完全損傷者 (cSCI)、車いす使用者 (Others)、健常者 (Healthy) が最大握力の2%、10%、30%、65%の力でグリッピングした時の力の安定性 (CV) の比較。

れません。握力自体には大きな差はないので、上肢の筋力には目立った差が無く、上肢の動きを操っている脳に違いの基があると私たちはみています。それは、脊髄の損傷後に脳内で上肢の動きを司っている領域が広がっていくなどの変化が起こることが知られているからです。これを機能喪失に対する脳の代償性変化と呼びます。脊髄完全損傷の方では、下肢の運動機能と感覚機能が完全に喪失しますので、それが脳内の代償性変化を大きく促しているのかもしれません。それに加えて、日常生活での車いす操作など、上肢の使用頻度が増すことがトレーニング効果を生んでいる可能性もあります。この点は、図2の車いす使用者の結果も健常者より良い傾向があることからも支持されます。

　いずれにしても、脊髄損傷によって自らの足で立って歩くことができなくなるという重大な障がいをおっても、人間は上肢の能力を健常者以上に発達させて補おうとしている、とみることができます。パワーリフターが障がいが無いアスリート以上の記録を出すことの秘密の一旦はこの上肢機能の発達にあるのかもしれません。

4 脳性麻痺スイマー

図3は脳性まひという病気のため、左半身に障がいがある水泳選手KJの脳画像です。KJは出生時に脳卒中を発症し、右脳に大きな損傷を負ったと思われます。この図をみると、右側の脳の運動や感覚を司っている領域（運動野、感覚野）に広範な損傷があることがわかります。それによって、彼女の運動と感覚には重度の麻痺が残りました。日常生活においては、左の上肢は肘が軽く曲がっており（軽度屈曲位）、手指の器用な動きは不可能であって、日常生活機能の実用に届かないレベルといえます。このような重い障がいを有するKJですが、水の中では別人のような身体の動きを実現することができます。陸上では常に屈曲している肘も水の中では伸びて、クロールやバタフライで自由に泳ぐことができます。彼女は、3歳から水泳を続けて、パラリンピックでいくつも金メダルを取るまでになりました。私たちは彼女の脳の構造と機能、水泳中の筋活動、などを調べる機会に恵まれました。以下ではその結果について紹介します。

(1) 経頭蓋磁気刺激（TMS）検査

経頭蓋磁気刺激（transcranial magnetic stimulation, TMS）とは、専用の装置を用いて頭の上で強磁場を発生させ、脳の細胞を刺激する技術のことです。この方法を用いると、痛みを伴わずに脳の働きを調べたり、連続刺激をすることで脳の活動を変えることができるため、研究や治療などに広く用いられています。私たちはこのTMSを用いて、KJのマヒしている側の指を動かす脳領域がどこにあるのかを調べました。なぜこの筋に注目したのかというと、KJの脳画像を見る限り、本来手の指を動かす領域の辺りは広く損傷しており、指は全く動かなくても不思議ではな

図3

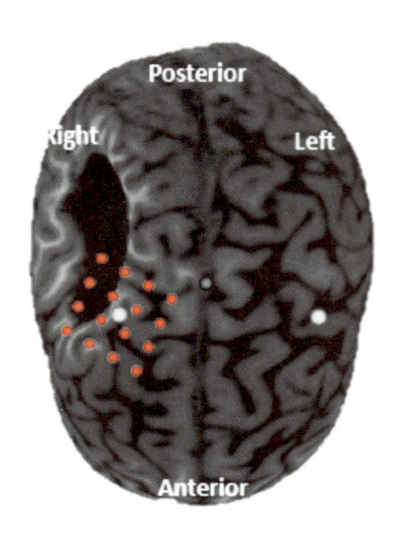

TMSにより同定した第一背側骨間筋（FDI）のホットスポット（左右半球に記した大きい丸印）。右半球のホットスポットが左半球の位置に比べて頭頂寄りに位置していることが分かる。

いのですが、彼女は器用ではないものの手の指を使うことができていたからです。図3はその結果を表しています。調べた指を動かす筋は左右の第一背側骨間筋（FDI）という筋です。この筋を動かす脳細胞の位置は、脳を刺激した結果、その筋に反応が出るかどうかで決定します。正確には筋が収縮して力を発生するときに生じる電気活動を調べます。反応が出るときは必ず運動誘発電位（MEP）という電気活動が生じますので、これの有無と大きさを調べるのです。図3の脳の上に記されている点はKJのFDIのMEPを記録するために磁気刺激を行った位置（黒点）と最も大きなMEPが得られた点（ホットスポット、灰色点）を示しています。この図を見ると損傷が無い側である左脳のFDIホットスポットと右脳のホットスポットの位置が明らかに非対称であることが分かります。損傷が無ければ、本来右脳にあったと推察されるFDIのホットスポットの位置は損傷部に含まれているため、現在のホットスポットの位置は後天的に定着した位置と考えることができます。つまりFDIを動かしている脳

細胞（正確には大脳皮質運動野の中のM1細胞群）の位置は損傷後の再編によって現在の位置に定まった可能性が高いということです。言い換えれば、トレーニングによって、本来FDIを担当する部位ではない脳の部位がFDIを動かす機能を代行するようになったということです。そしてさらに推測すると、このような再編成はKJが3歳から継続的に行ってきた水泳の運動習慣にも少なからぬ影響を受けたと考えられます。今回はFDIのみしか検査することができませんでしたが、その他の上肢筋を支配する細胞の位置も再編されていることが予想できます。

（2）水泳の動作が可能となった機序について

KJの脳の運動野と呼ばれる領域に機能再編が生じていたことが明らかとなりましたが、それではなぜ陸上では困難な動作が水中では可能となったのでしょうか。KJの基礎疾患である脳性麻痺では、しばしば筋の痙縮によって上肢筋などの筋緊張が高まって、円滑な動作が阻害されることがあります。痙縮とは、意志とは無関係に筋が持続的に収縮して力を発揮してしまう症状のことをさします。これは、伸張反射という反射が異常に亢進した結果として、前記した無意識下での筋収縮（不随意性の筋収縮）がもとで筋緊張が高まってしまう結果とされています[3]。伸張反射は筋肉の中の筋紡錘という感覚センサーに発するIa群あるいはII群感覚線維からの求心性インパルスが脊髄あるいは脊髄より上位中枢神経の反射中枢からの出力を誘発することで生じます。筋紡錘の感度は錘内筋線維によって調節されていますが、これが自律神経系によって変調されることが明らかとなってきました[4), 5)]。そもそも水の物理的特性、すなわち浮力、温度、粘性は交感神経活動を高めにくくし、いわゆるリラクゼーション効果を有することが知られています。脳性麻痺児の水治療が古くから行われてきたのは、水に入ると筋緊張が軽減することが経験的に知られていたからと思われます。これは、水に入ることで自律神

経活動が変調し、γ 運動ニューロン興奮性が低下、伸張反射興奮性が低下、筋緊張の低下、という一連の神経筋活動の変化が誘引されることに由来します。これに加えて、KJ の場合、幼いころから慣れ親しんだ水中環境はさらなる神経活動の変調をもたらすものと考えられます。それは彼女自身が「水の中では私は free だ」と表現していることから強く示唆されるのです。陸上においては、彼女の歩行および姿勢は片麻痺様の特徴を有し、特に左足関節底屈位、臨床的表現ではドロップフットが強く、常に転倒リスクがあるといえます。この転倒リスクを本人が感じることを、"postural threat" と呼び、これが高い状況では筋紡錘感受性が増大し、伸張反射が亢進することが実験的に示されているのです[6), 7)]。私たちの研究グループは、重度の脳卒中片麻痺患者が強い痙縮のため陸上での自立歩行がほぼ不可能な状態であるにもかかわらず、水中でポールを把持して、さらに療法士の補助の基、"postural threat" を軽減させて歩行訓練を実施したところ、痙縮が軽減し、陸上に戻ってからも痙縮の軽減が続き歩行が劇的に改善した急性の効果があることを確認しています[8)]。KJ も水中においては postural threat を感じていないはずです。このことが筋緊張の低下をさらに導き、随意運動の遂行を陸上に比べてはるかに容易にしているものと考えられます。そのような状況下での水泳のトレーニングは彼女の水泳における動作を課題依存性に改善したのではないでしょうか。このことは、もし陸上においても水中と同様な自律神経活動の変調や postural threat の軽減など、条件を整えてリハビリを実施することで水中同様の随意運動の改善が達成できる可能性を示しているといっていいと私は考えています。

終 わ り に

パラリンピックが傷痍軍人のリハビリテーションにスポーツが取り入

れられたことを発端として、その後、今日のような競技会に発展したことはいまや有名な事実です。障がいがある人がパラリンピックを観戦したり、参加することで、勇気や自信を取り戻すことは大いに期待されるところでしょう。それに加えて、パラリンピックブレイン研究は、科学の立場からパラリンピアンの脳の働きや再編、それをもたらす神経機序を明らかにすることで、人間が本来持っている未知の能力をつまびらかにし、たとえ障がいを負っても、人間にはそれを補い、また自らを変える大きな能力があることを示すことが期待されるのです。

［引用文献］

1) Otsuka N, Miyashita K, Krieger DW, Naritomi H. Compensatory contribution of the contralateral pyramidal tract after stroke. Front Neurol Neurosci. 2: 45-53 (2013).

2) Gordon AM, Bleyenheuft Y, Steenbergen B. Pathophysiology of impaired hand function in children with unilateral cerebral palsy. Dev Med Child Neurol. Nov; 55 Suppl 4: 32-7 (2013).

3) Dietz V, Sinkjaer T. Spastic movement disorder: impaired reflex function and altered muscle mechanics. Lancet Neurol 6: 725-33 (2006).

4) Kamibayashi K, Nakazawa K, Ogata H, Obata H, Akai M, Shinohara M. Invariable H−reflex and sustained facilitation of stretch reflex with heightened sympathetic outflow. J Electromyogr Kinesiol 19: 1053-60 (2009).

5) Hjortskov, N., Skotte, J., Hye−Knudsen, C., Fallentin, N. Sympathetic outflow enhances the stretch reflex response in the relaxed soleus muscle in humans. J Appl Physiol. 98: 1366-1370 (2005).

6) Horslen BC, Murnaghan CD, Inglis JT, Chua R, Carpenter MG: Effects of postural threat on spinal stretch reflexes: evidence for increased muscle spindle sensitivity? J Neurophysiol. 110(4): 899-906 (2013).

7) Nakazawa K, Kawashima N, Akai M. Effect of different preparatory states on the reflex responses of ankle flexor and extensor muscles to a sudden drop of support surface during standing in humans. J Electromyogr Kinesiol. Oct; 19(5): 782-8, (2009).

8) Obata H., Ogawa T., Hoshino M., Fukusaki C., Masugi Y., Kobayashi H., Yano H., Nakazawa K. Effects of aquatic pole walking on the reduction of spastic hypertonia in a patient with hemiplegia: A case study. Int J Physic Med & Rehab (in press).

5

支援を通して
見方が変わる

障がい者スポーツの見方を変える

WOWOWが目指したもの

太田慎也
株式会社WOWOW
パラリンピック・ドキュメンタリーシリーズ『WHO I AM』
チーフプロデューサー

なぜパラリンピックを取り上げるのか

WOWOWは有料の衛星放送局です。ハリウッドをはじめ世界中の映画を放送したり、アカデミー賞を生中継したり、スペインサッカーや、錦織圭選手やラファエル・ナダル選手が出ているテニスのグランドスラムを生中継したり、コールドプレイのライブを放送したり、そういう世界中のトップエンターテインメントを集めて放送している局です。

そのようなWOWOWがいま、パラリンピック・ドキュメンタリーシリーズ「WHO I AM」という番組を放送・展開しています。国際パラリンピック委員会（以下、IPC）との共同プロジェクトとして、リオパラリンピックが開催された2016年から、東京パラリンピックが開催される2020年まで5年にわたって、世界最高峰のパラアスリートを描くとい

う大型シリーズです。なぜWOWOWがIPCと共同で、パラリンピックという題材を、5年もかけてドキュメンタリーにするのか、その目的からお話しします。

　数年前と比べると、オリンピックやパラリンピックを目にする機会が増えているのではないかと思います。それは他でもない、2020年に東京にオリンピック・パラリンピックがやってくるからです。その成功や社会変革を目指して、国や行政や企業が、さまざまな活動を行なっているのです。僕たちWOWOWも、WOWOWなりの関わり方をしたいと考え、シリーズに取り組んでいます（**写真1**）。シリーズでは、毎年世界中から8人のトップ選手を取材し、1選手当たり50分のドキュメンタリーを制作・放送しています。常に世界各地に8クルーが行って、取材をしています。

　「世界最高の選手の取材し、伝える」ということをテーマにしています。日本の選手にもっと注目したいという気持ちはもちろんありますが、これから2020年に向けて、地上波各局や新聞、雑誌、ネット、多くのメ

ディアが、日本選手を紹介する機会はどんどん増えると思います。そうすると、WOWOWのような有料放送は同じことをやっていては独自性が保てません。そこで先ほどお話しした、“WOWOWとはどういう放送局か”という視点が出てくるのです。世界の最高のエンターテインメントを提供する局ですので、僕たちは世界最高の選手を伝えようと考えました。

　その思いを込めた文章があります。僕たちはこれを「WHO I AM」のフィロソフィーと呼んでいます。少し堅苦しい内容ですが、ご紹介します。

　「あなたは、自分について語ることはできるだろうか。経歴や職歴ではなく、自身の誇り、情熱、夢、生き様について。21世紀に入り世界は、情報化、グローバル化、利便性の向上、SNSなど、コミュニケーションツールの発達が著しい。そんな中で日本は、2011年の東日本大震災という未曽有の大災害以降、つながりや結束という言葉があふれている。しかし、人とつながることが優先され過ぎるあまり、一様化を生み、個が埋もれ、人が自分と向き合う機会をなくしているのではないだろうか。環境や社会、集団の中における自分がどうかではなく、自分自身はどうありたいのか。

　映画、スポーツ、音楽、アートといったすべてのエンターテインメントは、まさに個の意思や輝きやぶつかり合いの結晶である。それらに人々は共感し、長きにわたり文化と多様性を生んできた。

　これから先、環境や文化がさらに大きく変化しようとする中、“自分”について考える気付きをくれるのが、世界中のパラアスリートたち。徹底的に自分と向き合い、磨き上げた肉体をもって競技に挑む彼らが秘める可能性については、あまりにも知られていない。彼らは勝負の世界においてはもちろん、人生においても自信に満ちあふれ、そこからは障がいという意識などみじんも感じられない。彼らは私たちに気付かせてく

れる。障がいというものは、我々の意識の中にあると。

　一方で、日本におけるパラスポーツは依然として、"障がい者がやる
もの"という価値観が多く残っていると言わざるをえない。現代の日本
社会に暮らす私たちが、圧倒的な輝きを放つ世界最高のパラアスリート
たちと出会うことは、社会の一員として価値観を変え、自分自身はどう
ありたいのかを考えるきっかけとなる。多様な肉体から放たれるのは、
『これが自分だ！』という力強い主張。彼らはアスリートとしての能力だ
けではなく、世界を変える可能性をも持っている。世界にはまだまだ伝
えるべき選手がいる。

　これまで、国境を問わず世界最高のエンターテインメントを届けてき
たWOWOWは、競技結果や日本人選手の活躍を伝えるだけではなく、
世界中のパラアスリートが持つ物語をドキュメンタリーとして描くこと
で、改めてエンターテインメントの根源であり、一つとして同じではな
い個と、真摯に向き合ってみたい。この思いに強く共感してくれたIPC
と共に、2020年まで5年という時間をかけ、まだ見ぬ先を切り開きた
い。それこそが、すべての人々が"自分"を存分にアピールし、多様性
を認め合う未来社会への近道であると信じて。」

　この文章は、このシリーズを立ち上げる準備をする中で感じたことを
整理し、書いたものです。いまも番組を制作するにあたっての設計図と
いうか、羅針盤のような存在になってくれています。中でも最も伝えた
いことは、「障がいは我々の意識の中にある」ということです。

障がいは個性だ

どういう経験をしてそのように思うにいたったのか。
　かつて僕はWOWOWの中で、さまざまなドキュメンタリーや、映画

の情報番組などを制作していましたが、2015年春に突然、上長に呼び出されて、「いま担当している業務を全部引き継いでほしい。世界中のトップパラアスリートのドキュメンタリーシリーズを立ち上げるから」と言われたのです。

　正直、あまり良くない意味で驚きました。当時の僕は、パラアスリートといえば車いすテニスの国枝慎吾選手、いまは現役ではありませんが、南アフリカの両足義足のスプリンター、オスカー・ピストリウス選手ぐらいしか知らなかったのです。パラリンピックと言われても、心のどこかでは「かわいそうな人が頑張っている場所」「応援してあげなければいけないもの」という価値観だったのだと思います。とはいえ、知らないのであれば知るしかないと思いインターネットで検索しましたが、当時はあまり情報がありませんでした。では、世界大会の現場を見に行くしかないということで、2015年7月に、障がい者水泳の世界選手権が開かれたスコットランドのグラスゴーに行きました。

　パラスポーツの世界大会とはどんな感じなのだろうかと思いながら、恐る恐る会場に入りました。試合前のトレーニング時間だったのですが、扉を開いた瞬間に僕たちは、「わぁ！」と思いました。各国の代表ジャージを着たアスリートたち。アメリカ、スペイン、オーストラリア、イタリア、中国、日本、ウクライナ、ロシア…。それだけで世界大会の雰囲気で、世界最高の舞台という高揚感と緊張感が充満しているのです。

　なおかつ、会場内にはもちろん、車いすの選手がいたり、義足を着脱している選手がいたり、腕のない選手がストレッチしたり。驚いたのは、みんなが楽しそうに笑顔でコミュニケーションを取っていたのです。「ロンドンパラリンピック以来だね。元気だった？」とか「普段はどんなトレーニングをしているの？」とか「その義足は格好いいね、見せて」という具合です。それがすごく開かれた感じがしたのです。世界最高の舞台という緊張感に、プラスアルファのポジティブな雰囲気と言えば伝わるでしょうか。障がい者スポーツというと、陽というよりは陰なイメー

写真2 ダニエル・ディアス選手（ブラジル）

©WOWOW WHO I AM Project

ジを私は勝手に持っていたので、ガラガラと脳が揺さぶられた感じがしました。

　写真2は、のちに「WHO I AM」シーズン1で取材することになるブラジルのダニエル・ディアスという水泳選手です。パラリンピックのメダルを現時点で24個持っています。そのうち14個が金メダルです。オリンピックで言えばきっとイアン・ソープやマイケル・フェルプスのような存在で、「泳げば金」というような選手です。この世界選手権では、8種目に出て7個の金、1個の銀でした。ちなみに銀メダルは4人で泳ぐリレーでした。

レース後、取材エリアにダニエルが来ると、世界中のメディアが一斉に集まるのです。その雰囲気は世界大会そのもの。彼のメディアへの受け答えもスーパースターそのもので、それだけで僕は衝撃を受けました。大会中、すべてが新しい経験で、知らなかったすごいものを見たなと興奮しながら帰国しました。

　その3カ月後の10月、中東カタールのドーハで開催された障がい者陸上の世界選手権へ行きました。連日気温35〜36度。日陰もなく、水は飲み放題という会場でした。

　世界中から集まった注目選手が大会前に記者会見をしていました。「あそこに座っている選手には絶対に負けません」、「いつものトレーニングの成果を出せば絶対に勝てます」、「来年のリオに向けていい準備ができています」と、ここでもグラスゴーと同じくトップアスリートとしてのプライドと緊張感に溢れ、いい意味で負けん気の強いアスリートたちがギラギラとしていました。そこでも僕らの価値観が揺さぶられたのです。障がいのある人だなどとは、この時点ではもう思ってもいません。事前に調べたスーパースターたちが目の前にいる！　という感覚です。

　写真3は、アメリカの片足義足のリチャード・ブラウンというスプリンターです。アフリカ系アメリカ人の選手ですが、全身にタトゥーが入っていて、髪の毛も真っ赤に染め、NBA選手のような出で立ちです。レース前は、一緒に走る選手たちに「ヘイ、よろしく」と握手して回るような、ノリのいい選手でした。

　写真では、手前に映っている女性がインタビューをしていますが、彼女は英語が堪能な僕の後輩プロデューサーです。レース後、彼女がリチャードに「今日のレースはいかがでしたか？」と聞くと、リチャードは陽気に彼女にレースと関係のないことを話し始めたのです。「ヘイ、ベイビー元気？　どこから来たの？」と。大会は1週間ぐらいありますから、会場内やメディアセンター、サブトラック、いろんな場所で何度かすれ違うのですが、連日のようにリチャードは後輩に対して、「ヘイ！　ま

©WOWOW WHO I AM Project

た会ったね、元気?」と言うのです。決して嫌な感じではなく、彼なりの愛嬌のあるあいさつとして、です。

　最初、僕ら男性スタッフは「彼はいつもあんなノリだなぁ」と笑いながら話していたのですが、帰国してから議論する中で、リチャードは僕らに大切なことに気づかせてくれたのです。言い方は乱暴ですが、「そりゃぁ女好きもいるよね」ということです。障がいのある人が、清く正しく一生懸命スポーツをし、「僕たちも頑張っているので応援よろしくお願いします」と言う。それが美しいと心のどこかで勝手に思っていたのです。口にはしませんが、パラスポーツはそのようなところだと心の

どこかで思っていたのです。

　それは大きな間違いでした。中には女好きもいれば、記者会見で火花を散らす気の強い人もいる。そこから、「では僕らが持っている個性とは何だ?」という議論になったのです。人それぞれ個性ってありますよね。おしゃれだとか、料理が上手だとか、字がきれいとか。でも一方で、字が汚い、話し下手、人付き合いが苦手、運転が下手、料理ができないといった個性もある。にもかかわらず、僕らは自分の個性を棚に上げて、たとえば足がない人のことを「障がい者」と呼び、頭の中でカテゴリー分けをしている。障がいのある人が女好きだっただけで、こちらは想定外の出来事にざわざわしているのです。それがおかしいと。足がない、目が見えない、腕が上がらないといった障がいは、人がそれぞれ持っている個性と一緒だと気づいたのです。僕が字が汚いように、誰かがおしゃれなように、話が下手なように、彼らは目が見えない、足がない、手がないだけなのではと。障がいは個性なんだという話になったのです。

　それまで、障害のある選手たちを特別な存在だと僕らは考えていたのです。ドキュメンタリーシリーズとして番組化するにあたって、タイトルを考えていました。当初は「超人たち」、「グレートパラリンピアン」、「アメージングアスリート」など、漠然と候補として議論していたのです。

　実際に彼らは、アスリートとしては超人的だしアメージングなのですが、僕らは彼らと会ったときに超人とは思わなかったのです。むしろ『自分』について考えさせられたのです。「自分はどうなのだろう」と。「自分は彼らほど人生を楽しめているだろうか」、「自分は彼らみたいに自分の思いや夢や情熱を語れるだろうか…」、「彼らは自分なんかより5万倍は人生を楽しんでいるんだろうな」と。他人である僕らが「超人」のように形容することはやめて、視聴者の方にも『自分』について考えてもらう番組にしようと結論したのです。

　ドーハから帰国して、企画書を書き始めました。自分の個性を思う存分発揮し、輝いて見えた選手たちの魅力を表現したかった。とにかく選

手と会うたび、話すたびに、「自分はどうなのだろう」と考えさせられた経験を視聴者にもしてほしい。彼らが持っている「これが自分だ！」という個性を描きたいということで、「WHO I AM」というタイトルにしました。直訳すると、「自分」とか「私自身」という意味です。決して「かわいそうな人が頑張っている話」ではなく、その人となりを素直に描くことで、ポジティブな世界観を提示したい。ダニエル・ディアスやリチャード・ブラウンがそうだったように。

私たちの意識にこそ障がいがある

　取材を始めたころ、選手たちとの接し方が分かりませんでした。「3つのざわざわスイッチ」という話をよくします。まずは、車いすの人と話すときに、立ったまま近づいていって「こんにちは、WOWOWの太田です」と言っていいのか、少ししゃがんで話しかけた方がいいのか。考え始めると自分が勝手にざわざわしているのです。次に、全盲の方と名刺交換をしたことがあります。相手は慣れているので、「WOWOWの太田さんとおっしゃるのですね、よろしくお願いします」と名刺をくださるのですが、僕は「表裏も上下左右も分からない人にとっては紙ペラにすぎないものを渡してしまったのでは」と思い、またざわざわしたのです。3つ目ですが、先ほどのダニエル・ディアス選手は右腕が肘までしかありません。握手をする時、ダニエルは慣れているからその右腕を出してくれるのですが、僕はその腕を見て「あ、まずいことをしてしまったかも」と、またざわざわスイッチが入るのです。そのまま肘を握りましたが、そこには多分0.5秒ぐらい「間」があったはずです。逡巡したのです。
　いま3つのざわざわした例を挙げました。車いすの方に話しかける、

全盲の方と名刺交換をする、手のないダニエル・ディアスと握手をする。「ざわざわしていたのは誰ですか?」と聞かれたら。それはすべて「自分」なのです。車いすの方も、全盲の方も、ダニエル・ディアスも、絶対にざわざわしていなかった。勝手に自分がざわざわしているのです。そのざわざわはきっと相手に伝わり、その場にきまずい「間」が生まれ、変な空気が流れるのです。

その「間」こそが「社会における障がい」だと思いました。障がい者との向き合い方が分からないから、ここに変な「間」が生まれる。しかもそれを生み出しているのは相手ではない、「自分」なのです。その「間」を取り除けたら、もう少しすてきな社会になるのではないか。つまり、「僕らの意識にこそ障がいがある」と考えるようになったのです。障がいは個性だと先ほど言いました。そういう考えに立つと、絶対に自分側・社会側の問題だと思うようになったのです。

さらに、僕は企画書に、「WOWOWだからこのシリーズをやるべきだ」と書きました。パラリンピック、それは世界最高の舞台であり、清く正しい障がい者が頑張っている舞台などではありませんと。たとえばFCバルセロナがクラブワールドカップで来日するとなれば、多くの皆さんがメッシのユニホームを着てスタジアムへ足を運ぶと思います。世界を代表するパラリンピアンたちも2020年に東京にやって来るのです。その時に、「ダニエル・ディアスが見たくて観戦チケットを買いました」とか、「ボランティアに登録しました」と言ってもらえたらうれしいなと思い、WOWOWらしく世界最高を伝えたいと考えたのです。

シーズン1ではこの8人の金メダリストを取材しました(**写真4**)。

ダニエル・ディアス。通算24個のメダルを持つ、金メダルコレクターです。東京大会を本当に楽しみにしていると話してくれました。

アメリカ車いす陸上のタティアナ・マクファデン。圧倒的なフィジカルで、肩回りや腕の筋肉がすごいです。彼女もパラリンピックメダルを17個持っています。フルマラソン42.195キロを約1時間40分で走り

ます。ニューヨーク、ボストンなど、大きなマラソンを計20回近く制しています。

　ボスニア・ヘルツェゴビナのサフェト・アリバシッチ。ボスニアは、サッカー元日本代表監督イビツァ・オシムさんの国です。約20年前まで激しい紛争がありましたが、サフェトは幼少期に地雷を踏んで左足のかかとを失っています。紛争により負傷した人がとても多く、ボスニア・ヘルツェゴビナはシッティングバレーボールに力を入れ、いまや世界トップの強豪です。そのチームのエースアタッカーが彼です。

　競泳大国オーストラリアの片足のエース、エリー・コール。リオで6種目に出場して金メダル2個を含む全種目でメダルを獲得しました。「足を失ったことは人生最高の出来事。そのおかげで誰も経験できない人生を歩めているから」と語ってくれましたが、彼女は本当にそう思っているのでしょう。東京パラリンピックに向けて日本語の勉強も熱心にやっています。

　イラン人女性として、オリンピック・パラリンピックを通じて初の金

メダリストとなったザーラ・ネマティ。車いすに座ってアーチェリーをするのですが、70メートル先の的を狙うルールは健常者のアーチェリーと変わりません。彼女はイラン代表としてオリンピックにも出場し、リオパラリンピックでは連覇を果たしました。

次は日本でも人気の高いブラインドサッカー。正式競技になって4度のパラリンピック、金メダルを獲得したのはすべてブラジルです。しかも、いまだパラリンピックで無敗。リカルディーニョはそんな最強ブラジル代表の10番でキャプテンです。リオパラリンピックの前に左足の腓骨を骨折しましたが、母国開催のリオ本番で見事な復活劇を見せてくれました。僕は会場にいましたが、彼がゴールを決めると、スタジアムが崩れるのではないかというほどの大歓声でした。

オランダのマールー・ファン・ライン。陸上、両足義足の美しきスプリンターです。リオでも100メートル、200メートルで金メダルを獲得しました。ご本人もご家族も、本当にすてきな方々でした。

そして我らが国枝慎吾選手。あのロジャー・フェデラーが、日本人の記者から「どうやったらあなたのような王者が日本から出てくると思いますか?」と質問され、「君は何を言っているのだ、日本にはシンゴがいるじゃないか」と言ったというほどのレジェンドです。日本でも有名ですが、世界に行けば彼はもっと有名です。

シーズン2も8人のメダリストが登場

パラリンピックに舞い降りた不死鳥、車いすフェンシングのベアトリーチェ・ヴィオというイタリアの選手です。僕らが取材をしたときは19歳、エネルギーの塊のような選手です。日頃は両足義足、両手義手なのですが、一緒にいる間はずっと動き回っていました。リオパラリン

ピック本番の試合でも感情を爆発させていましたが、とにかく攻撃的で直情的で真っ直ぐな選手です。世界で唯一の両手足のないフェンサーとも言われています。

アメリカのトライアスロンのメリッサ・ストックウェル。彼女は陸軍兵としてイラク戦争時に派兵されたイラクのバグダッドで、沿道にあった爆弾の爆発により左足をなくしました。その後パラトライアスロンの選手になって、世界選手権を3連覇した選手です。

ウィルチェアーラグビー。日本代表がリオで銅メダルを取っていますが、金メダルを取ったのはオーストラリアです。オーストラリアのエースで世界最高の選手と言われるのがライリー・バットという選手。そのプレーを見ているとまさに野獣のよう。ウィルチェアーラグビーは「格闘球技」「最も危険なパラスポーツ」と言われていますが、車いす同士がガツンとぶつかる瞬間は、圧倒的な迫力があります。

メキシコのアマリア・ペレスはパワーリフティングの選手。下半身に障がいのある選手がベンチプレスで競います。彼女は、リオパラリンピックで43歳にして世界記録を更新しました。東京パラリンピックで世界記録を更新したいと言ってくれました。

韓国の柔道王、チェ・グァングン。彼もパラリンピックを連覇しています。パラリンピックにおける柔道は視覚障がい者柔道のことを指し、お互いに襟を組んだ状態から試合を始めますが、彼は払い腰を得意技としていて、「どんな強い相手でも勝てると信じて挑む」と話してくれました。

2017年は翌年に平昌パラリンピックを控えていたので、冬季競技の選手も取材しました。

「ハワイに住んでいるスノーボードチャンピオン」のエヴァン・ストロング。片足義足ですが、スノーボード、スケートボード、サーフボード、すべてを乗りこなすアスリートです。

スロバキアにヘンリエッタ・ファルカショバというアルペンスキーの

金メダリストがいます。彼女は視覚障害なのですが、滑降では時速100キロを超えるスピードで滑ります。5メートルほど前を、目の見えるガイドスキーヤーが滑るのですが、2人はワイヤレスマイクでつながっていてコミュニケーションを取りながら競技するのです。「はい右！　次は左！　もっと腰を落として前傾姿勢で！」といった具合です。平昌では4個の金、1個の銀で、オリンピック・パラリンピックに出場した全選手の中で最高の成績を収めました。

　同じくアルペンスキーから、日本のチェアスキーのエース、森井大輝選手も取材させていただきました。普段車いすの選手が座ってスキーをするのですが、彼は世界王者にもなっていて、パラリンピックのメダルをいくつも持っています。

自分や自分の人生に 目を向けるきっかけに

　多様なアスリートたちのドキュメンタリーを制作していて思うことは、選手たちの言葉が力強いということです。ベアトリーチェ・ヴィオは、「欠けていることは悪くない、みんな違って当たり前、みんな同じはつまらない、違うということは美しい」と言っています。エリー・コールは、「物事のプラス面を見るかマイナス面を見るかで、後々大きな違いが生まれる」と話してくれました。

　他にも、番組の中で印象に残った選手たちの言葉があります。

　「目標や求めているものは、心の底から望めばかなうのです。大切なことは、あなた自身がそれを信じること」

　「僕にとって困難は、ただ乗り越えるためにある」

　「どれほど負けそうでも、1本を取れば勝ち。それは人生も同じ」

　「多くの人に人生で一度は不幸なことが起きるけれども、それに意味

があるとしたら、人は乗り越える強さを持っている」

「どのようなことからも学び、昨日の自分を超える。金メダルを取れたら素晴らしいけれど、人生や家族など、もっと輝かしいことがあるのを忘れないことだ」

ここで僕が言いたいことは、どの言葉もすてきだと思いますが、パラリンピアンだからとか障がい者だから言える言葉ではないということに気づいてほしいのです。健常者も障がい者も関係なく、人類70億人の誰にとってもヒントになる、参考になる、勇気をもらえる言葉だと思います。人生をエンジョイして輝いて、自分と向き合って自分を持っている人だからこそ言える言葉だと「WHO I AM」は考えています。

確かに現代、経済的な豊かさの違い、文化の違い、宗教観の違い、障がいの有無、またはそれらによる差別や偏見などが残念ながら世界には存在します。しかし、等しく与えられた人生という舞台において、全力を尽くす、情熱を傾ける、夢を見る、そのために困難を克服する。これらに違いはありません。人生が輝くかどうかは「自分」次第なのではないでしょうか。

そう考えると、パラリンピックが、「応援をしてあげなければいけない」とか、「かわいそうな人たちが頑張っている場所」という考え方は、少しでも薄れるのではないでしょうか。そして、「社会における障がい」、先ほどお話しした変な「間」のことですが、これがなくなることにつながるのではないでしょうか。「WHO I AM」を見てくださった皆さんがむしろ、自分や自分の人生に目を向けるきっかけになっていただければ幸いだと考えています。

パラリンピックの
レガシー

結城和香子
読売新聞編集委員

　現地特派員や記者として、2000年シドニー大会から、パラリンピックの取材を続けています。それはちょうど、パラリンピックが競技性を高め、放送権やスポンサーの枠組みを確立し、五輪との連携を強めて変貌していく時期に当たります。同時にそれは、パラリンピックが投げかけるメッセージの社会的な意味が、普遍性を増していく過程でもある。パラリンピックは社会に何を残し、選手たちの発信は人々に、何を伝えてきたのでしょう。

　パラリンピックは、「社会認識を変えること」を目的（大会開催が残すレガシー）の１つに掲げています。でも、社会を変えるというのは大変なこと。それは開催地の社会の成熟度や歴史でも大きく違うし、実際の大会開催の紆余曲折や、長く地道な変化への努力の上に、初めて見えてくるものでもあるからです。

　直近の２つの夏季大会、2016年リオデジャネイロと12年ロンドンで何が起こったのかを振り返り、その上で私たちにとっての、20年東京パラリンピックのレガシーのあり方を、見つめてみようと思います。

1 2016年 リオデジャネイロ大会

　2020年東京パラリンピックの直前の夏季大会となった16年リオデジャネイロ大会は、実は２つの「衝撃」で幕を開けました。

　国際パラリンピック委員会（IPC）の前会長、フィリップ・クレーブン卿が「忘れもしないあの日」と回想するのが、16年７月18日です。この日行われた電話会談で、リオデジャネイロ大会の組織委員会幹部から、「もうパラリンピックを開催するお金がない」という報告を受けたのです。

　近年のパラリンピックは、01年以降IPCが国際オリンピック委員会（IOC）と結んで来た契約に基づき、五輪の開催地が、その直後にパラリンピックを開催し、同一の組織委員会が運営を担当することになっています。開幕約１カ月半前になって音を上げてもらっても困るし、IPCにとっては青天の霹靂に近かったでしょう。でも当時のブラジルは、もうとにかく切羽詰まっていたのです。

　その７年前、東京などを破り招致に成功したときは、ブラジル経済はとても好調でした。しかしその後、原油価格の下落、経済政策の失敗などから、不況に陥ります。経済が失速し、汚職や不正が混乱に拍車をかけ、政治にも嵐が吹いて、大統領が弾劾される騒ぎになっていました。でも大会開催は待ってくれません。競技会場を整備し、地下鉄や道路を建設し、開幕直前にはまだ、仕上げ工事が続いているような突貫ぶりでしたが、何とか五輪開催にはこぎつけた。開幕後も、プールが緑になったり、メディアの施設に弾丸が飛び込んできたり、毎日何かが起きるので、しまいに取材陣が、少々のことには動じなくなってしまうほどの日々でしたが、五輪は一応「ブラジルらしい成功」を見るのです。ただその過程で、財政的に力が尽きそうになった、という事情でした。

近年の開催都市契約では、通例民間資金でまかなう組織委員会の運営予算が万一不足すれば、政府の財政保証が出動することになっています。リオ大会でしたら、リオデジャネイロ市、その上のリオデジャネイロ州、そしてブラジル政府です。ところが、熱心に推進してきたリオ市ですが、もう資金繰りが難しい。州政府に至っては、公務員に支払う給料が滞り、州立病院が閉鎖されかねないような状態でした。それでもうパラリンピックは、となったわけです。

　IPC関係者は奔走し、さまざまな方策で資金を節減しようと工夫を重ねました。主軸は、使用する競技会場やメディア関連施設の削減。郊外の会場群を閉鎖し、日程をやりくりして、複数の競技を同一会場で開催できるようにしました。メーンの会見場も閉鎖し、競泳会場の小規模な会見場を毎日使うことにしました。各国の渡航援助の問題でも政府に掛け合い、何とか開催にこぎつけたのです。

　実は、この「忘れもしない」7月18日、もう1つの出来事が起きていました。

　その前年から国際スポーツ界を揺るがしていたロシアの組織的ドーピング事件。この日、14年ソチ大会での不正の内幕を検証した「マクラーレン報告書」が出され、世界反ドーピング機関（WADA）が声明で、ロシアの国ぐるみの関与を指弾するという展開があったのです。報告書は、ロシアの組織的不正が、少なくとも35人のパラリンピック選手も対象としていたことを示していました。IPCは間近に迫ったリオ大会で、ロシア選手団の参加を認めるかどうかを決断しなければならなかった。後日、数時間以上の理事会の議論を経て、「リオ大会へのロシア選手団の参加は認めない」という結論に達するのです。

　クレーブンIPC前会長は、この時の結論に至った理由として、1つの信念を語っています。

　「パラリンピックの目的は、選手の活躍を通じて人々の心を打ち、そ

の認識を変えること。もし選手の中に、組織的不正に関与した疑いのある者がいると人々が見ていたら、我々はどうやって、意識変革をなどと言えるのか」

　毅然とした態度が取れず、ロシアに対する政治的な配慮で動けば、社会認識を変える使命を持つパラリンピック運動は信頼を失う。それこそがパラリンピックの危機だ、そう考えたのです。車いすバスケットボールの英国代表でもあった前会長は、国家がスポーツの倫理をねじ曲げ、パラリンピック選手を国威発揚の道具に使うやり方に対し、「嫌悪さえ覚える」とも言っていました。

　ちなみにこのときIOCは、リオ五輪へのロシア選手の参加を「容認」し、各競技の国際連盟に個々の選手についての判断をゆだねる決断を下していました。「国ぐるみの不正というが、ロシア側の言い分も聞いておらず、証明されていない。組織の不正の責任を、個々の選手に取らせるのも誤りだ」（トーマス・バッハIOC会長）という論理でしたが、事態の重さに照らし、ロシア側に分を与えたような措置に、西側のメディアやスポーツ界からは痛烈な批判が上がりました。五輪期間中も、ブラジルの観衆からはブーイングがわき、競技会場では選手同士のさや当てが顕在化するなど、余波が尾を引きました。

　紆余曲折の末に開かれた、リオデジャネイロ・パラリンピック（**写真1**）。でも結果的に、それが1つの転機をもたらしたように見えました。開催実現に向けて、人々が1つになったこと。ブーイングが影をひそめ、ブラジルらしい本来の、観衆の熱狂や楽しみ方が戻ってきたこと。IPCの決定に対する暗黙の抗議か、バッハIOC会長はパラリンピックの開閉会式を欠席しましたが、筋を通したことで国内外のメディアも観衆も、純粋に選手の活躍に集中できた。この大会の象徴的な存在となったのが、競泳のブラジル代表、ダニエル・ディアス選手でした。

　競泳会場にディアス選手が登場すると、それこそ予選のレースから大

2016年リオデジャネイロパラリンピック開会式。車いすの最終聖火ランナーが聖火台に点火（dpa/時事通信フォト）。

声援がわく。盛り上がりが会場の外まで聞こえて、何が起こったかと思うぐらいです。人々は床まで踏みならすので、まずは地響き、そしてうわーっという大歓声。それは心をふるわすような感覚です。腕と脚に欠損を抱えるディアス選手は、金4つを含む9個のメダルを獲得し、毎回大きな笑顔で会場中の熱狂を受け止めた。人間的にも素晴らしい選手で、自身のことを率直に語る強さと、人々や社会のことを考える深さを持っていました。ある時の表彰式では、金メダルを授与したアンドリュー・パーソンズ・ブラジルパラリンピック委員会会長（現IPC会長）を、感謝のしるしに壇上に引き上げ、歓声の中、ともに国旗に向き合った。ブラジルでパラリンピック競技を推進し、今回も開催の危機に奔走したパーソンズ氏が、感極まって涙を見せる一幕もありました。

　小学校ではお化け、という意味のあだ名をつけられ、泣いて帰って来

た日々の末、心に決めたのだそうです。僕は絶対ハッピーになろう。そして04年のアテネパラリンピックをテレビで見て、水泳の練習を始める。そんなディアス選手の生き方と笑顔が、多くのブラジルの人々の、琴線に触れたのだと思います。

ブラジルはご存じのように、極端な格差を抱える社会です。リオデジャネイロでも、山あいのエリアには張り付くようにファベーラ（スラム）が広がる。麻薬組織が幅をきかせ、抗争も絶えない。治安も悪く、リオ大会の競技施設周辺でも襲撃や殺人が起きていました。逆境を自らの意思で変え、笑顔で人々の歓喜に応じるディアス選手に、人々は純粋な共感や希望を見たのかも知れないのです。組織委員会の広報部長で、過去には記者もしていた方が、「ダニエル（ディアス）は、ブラジルの人にとって、アイルトン・セナと同じ系譜の選手なんだ」と語っていました。

私が見聞したのは現象の一端です。でもこうした経緯で開かれたブラジルのパラリンピックで、人々がディアス選手に熱狂するさまが、どんな「レガシー」として心に刻まれていくのか、考えてみて下さい。

2 2012年 ロンドン大会

リオデジャネイロ大会の4年前、2012年ロンドン大会は、パラリンピック史の流れを変えた、と言われています（**写真2**）。パラリンピックはエリート競技であり、選手たちは「格好いい」のだという見方を根付かせたと。それは1つの「啖呵（たんか）」から始まりました。

五輪開幕を控えた12年7月17日、午後9時から、英国の78チャンネルで、同時に90秒のCMが放送されました。パラリンピックの放送権を持つチャンネル4による、「Meet The Superhumans」という広告映像でした。それがネット等を通じて、世界に話題を広げたのです。

写真2

パラリンピックのロゴと子どもたち。ロンドンパラリンピックの主会場内で。

　出演するのは英国のパラリンピック代表選手たち。早朝の暗がりの
プールや、雨の降るトラックで黙々と練習するシルエットから始まって、
映像は「障がい」を直視し、「これが私。何か文句ある？」と言わんばか
りの、選手たちの態度を切り取ります。戦争や事故などの過去に重ねる、
激しい躍動や高い競技性──。

　大破した車の脇で映っていた、車いすラグビーのジョナサン・コガン
選手は、10代で事故にあい、ロンドン郊外のストーク・マンデビル病
院（国立脊髄損傷センター）で治療を受けました。長く意識も戻らず、入院は
11カ月に及ぶのですが、病院を訪れた英国代表の主将から、車いすラ
グビーの話を聞き、挑戦をしてみるのです。脊髄損傷というのは、時に
握力や、体温調節などの機能も奪ってしまいます。当初車いすをこぐこ

とさえままならなかったコガン選手は、スポーツに情熱と生きる目的を見つけ、英国代表にまで上り詰めていく。

　ちなみにこのストーク・マンデビル病院は、パラリンピックの発祥地と言われる場所です。「スポーツを使ったリハビリ」という、当時としては斬新なアプローチを提唱したルートヴィヒ・グットマン博士が、1948年に第2次世界大戦の傷病兵16人によるアーチェリー大会を実施したのが始まりでした。2012年ロンドンパラリンピックの聖火は、ここからスタートしています。

　映像にはまた、05年7月のロンドン同時爆破テロの被害者で、シッティングバレー英国女子代表のマーティン・ウィルトシャー選手も映っています。テロが起きたのは、ロンドン五輪・パラリンピックの開催が、IOC総会（シンガポール）の投票で決定した、その翌朝でした。ウィルトシャー選手は、たまたま通常とは異なる通勤ルートを選んで自爆テロに巻き込まれ、両足を失います。なぜ私が、と自問する日々の果てに、いまの自分には2つの道がある、と思い至ったそうです。このまま自分を哀れんで一生を過ごすか、それとも前に進むか。自分は前に進むことに決めた、なぜならテロで亡くなった50人超の人々には、その選択肢はなかったから、と。

　ロンドンパラリンピックは、連日の競技でチケットの売り切れが続出する事態となりました。地元選手たちはトップアスリートとして取り上げられ、大会の顔が何人も生まれた。競泳女子のエリー・シモンズ選手（軟骨無形成症）は、金メダルを獲得した翌日のタブロイド紙に「エリー　我々の心の恋人」とうたわれました。オオカミ男の異名を取るデービッド・ウィアー選手は、陸上の男子車いすレースで中距離からマラソンまでの4つの金メダルを獲得しヒーローになりました。陸上男子100mで優勝し、リオデジャネイロで連覇を果たすことになるジョニー・ピーコック選手も「以前は義足のパラリンピック陸上選手、と説明をつける必要があったが、大会後はジョニー・ピーコックという名だけで報じら

れるようになった」と関係者が語るほど、著名な存在になったのです。

　大会が終わった後には、五輪とパラリンピック双方のメダリストを祝う、パレードが行われました。バッキンガム宮殿に向かう何台ものオープンバスの上では、五輪、パラリンピックの区別なく、メダリストたちが肩を組み、笑顔を作り、メダルを見せ合う様子が続きました。子どもたちの憧れの選手らが、「障がい」の有無を超え、互いの活躍を認め合い交歓する。共生社会って、なあんだこんな簡単なことだったんだ。そう人々の心に刻み込む、そんなシーンにも見えました。

　「でも、ロンドンの道程が容易だったなどと思わないほうがいいよ」。Meet The Superhumansの立案にも関わった、パラリンピアンのクリス・ホルムズ卿は振り返ります。「21世紀の英国でも、『私はそういう（障がいを持つ）人々を避けようとしてきたのに、なぜチケットを買って見に行く必要がある?』という人はいたし、だから我々は多くの調査や、対象を絞った働きかけを地道に続けてきた。どんなに法が整備されていても、意識変革というのは、一朝一夕には進まない。CMや大会は、こうした事前の下地作りがなかったら、成功しなかったろう」

　ホルムズ卿は、14歳のときに一夜にして失明したのですが、競泳を続け、ケンブリッジ大学にも進学します。パラリンピック4大会で金メダル9個を獲得し、招致から関わったロンドン大会では、組織委員会のパラリンピック統合部長を務めていました。五輪とパラリンピック選手の施設利用面での違いを見つめ、初めから双方が使うことを念頭にしたデザインや工夫を採用しました。

　具体的にはどうやって、意識変革を働きかけたのか。「文化を変えるのは大変なこと。私たちはたとえば、パラリンピックの躍動や競技性、汗と喜びと筋肉と涙といった、トップスポーツとしてのシーンを集めました。それは瞬時に、選手たちの能力の高さを印象づけ、単なる同情ではない見方を届ける。そのあとに、選手の物語や障がいを、そのまま発

信しました」。誰もが理解しやすいスポーツという触媒を使い、違いを超える素地を作ったと、ホルムズ卿は言います。それからあのCMを、「パラリンピックは世界最高峰の競技大会で、それ以外の何ものでもない。CMでは、革新的なぐらいに『突き抜けて』しまおう」との信念のもと、英国代表選手らの協力を取り付け、制作したのだといいます。

ロンドン大会では、期間中に多くの「障がい」を持つ識者や専門家が活躍し、感銘を与えたことも、社会認識を変える原動力になったとされています。

開会式には、世界の叡智の1人である、スティーブン・ホーキンス博士（18年死去）が登場しました。あの電子音声を通じて博士は、「人は皆違う。でも共通するのは創造する力を持つことだ。困難な状況でも、人には必ず何かできることがあり、それをなし遂げられる」と世界に語りかけました。

チャンネル4の競技解説には、障がいを持つ識者や元選手が登場、見所や試合評を伝えました。選手たち本人も、動画で発信をした。それがまた、面白いのです。

例えば組織委員会「一押し」の、こんな動画がありました。屈託のない男子陸上選手が出て来て、「僕は脳性麻痺、これが僕の脳」と、脳の輪切りの写真を見せます。「脳性麻痺は、疲れがたまると体が動きにくくなる。だからレース終盤に注目して！」などと説明するのです。

障がいによって生じる特性が、その選手の強化のポイントにもなり、勝負どころにもなっている。それを知ることで、レースがもっと面白くなる。そんな視点の逆転でした。選手の意識の中では障がいは、競技をする上での自身の特徴の1つなのです。そしてそれは、障がいそして競技を熟知する人にしか語れない。

卓球男子の日本代表選手は、卓球競技では相手の障がいと動きにくさを見極め、そこを攻めるのが当たり前なのだと語っていました。だから自身も、障がいのある側を狙われにくいように、返球に技術的な工夫を

凝らすのだと。選手同士の信頼と了解があるから「フェアに狙い合える」のだとも。

　ホルムズ卿は、「多様性を受け入れる社会は、すべての人にとって豊かなものになる。違いを超えて初めて、それは文明社会と呼べるのです」と語っています。ロンドン大会後、障がいを持つ人のメディア等での登用や雇用率、社会的な注目度が向上した、と。

　社会は、変えられたのでしょうか。もちろんまだ道半ばで、継続した努力が必要だとしながらも、ロンドン大会の成功は、パラリンピックの見方を変え、英国社会の民度や自信、国のブランドイメージの向上につながった、という評価があることは事実なのです。

3　2020年 東京大会

　では2020年東京パラリンピックの開催は、私たちにとってのどんな「レガシー」になり得るのでしょうか。

　最初に、毎回当方に考えさせる言葉をくれる、1人の選手を紹介します。冬季パラリンピックの距離スキー（視覚障がい）で、18年平昌までの5大会に出場、距離スキーでのパラリンピック史上最多となる13個の金メダルを獲得しているブライアン・マッキーバー選手（カナダ）です。

　日系3世で、五輪出場を目指し距離スキーの練習に励んでいた19歳のとき、視野の中心が見えなくなる遺伝性の視覚障がいを発症しました。1998年長野冬季五輪に出場したばかりだった兄のロビンが、視覚障がいのレース出場に必要な「ガイド」となることを買って出て、五輪レベルの実力を持つ2人の、パラリンピックでの快進撃が始まります。

　2010年、地元カナダでのバンクーバー大会で、あるときこんなことを聞いてみたのです。あなたにとって、障がいとは何か、と。

そうだね、と少し考えて、「僕は自分が、『障がい者』だとは思っていない。誰でも年を取ると、視力が衰えたり、足腰が弱ったりする。でもそういう自分の変化や不自由さと、付き合いながら生きていくよね。僕にとっての障がい、というのもそれと同じだと思う。それから、身体障がいは目に見えやすいけれど、精神を病んだり、持病があったり、外からは分かりにくい障がいを抱える人も少なくない。もっと見えたらと思わない日はないけど、僕はそれも含めて自分が好きだよ」

私たちすべての中に「障がい」はあり得る。そして「障がい者」「健常者」と区別することは、本質的に誤りかも知れない。それは、大きな気づきでした。

多くのパラリンピック選手たちに言われてきたことがあります。

「僕らはdisableではなくableだよ。競技能力はこんなに高いし、やり方が違い、時間はかかるけれど、工夫をすれば大抵のことはできる」

「失ったものではなく持てる能力をどう最大限生かしているかを見て」

「障がいという言葉を死語にしたい」

「スポーツは、私に自由をくれた」

障がい者、高齢者や妊娠中の女性など、動きに不自由さを持つ人なら、人口の2割以上に及ぶ、ともいいます。高齢化の進む日本なら3割近くだとも。いつかは「自分ごと」になるなら、バリアフリーの推進や、心の垣根など、社会を変えていくことは、障がいを持つ人だけのためではなく、社会全体のためになる、とも言えそうです。

ところが、そういう視点でいまの日本社会を見ていくと、おや、と思える部分が結構多いことに気づきます。

車いす利用者が1人で入るのは「ご遠慮いただく」とするレストラン。スポーツ施設も「危険」「傷が付く」などの理由で使えず、練習できる場所がない。「かわいそう」、「じいっと見る」、「子どもに見ないようにさせる」、過度の同情や、小さな偏見。

海外に住み、日本に戻ったパラリンピアンには、日本では「障がいを持っていることを思い知らされる」と言う人が多い。視線などに加え、もう1つの要因がバリアフリーのあり方だと。東京など都心部は、バリアフリーのハード面では優等生とされています。確かに、古い建築物や石畳が多い欧州の都市よりは動きやすそうです。でも日本では、駅員さんなど介助要員よる世話が必要な形でのバリアフリーが少なくなく、自分の意思で自由に移動し、困ったら周囲が気さくに手伝う欧米のそれとは異質なのだそうです。

　単純に比較すべき問題ではなく、優劣をつけることは控えますが、日本社会での「障がい者は介護されるべき存在」といった見方が、街に出る車いすユーザーの少なさや、スポーツ実施率の低さにつながっている面がある、とも言えそうです。ちなみに英国のスポーツ施設のガイドラインは、車いすユーザーがスポーツ施設を利用できない場合、「障がいは、人的・物的工夫をしてスポーツをする場を提供できないスポーツ施設側にある」のだとしています。根底には、同じ機会が保証されるべき、という権利意識に基づき、「障がいは、人ではなく社会に存する」（障がいの社会モデル）という考え方が流れています。

　日本の社会のあり方、別な言い方をすれば「民度」とは、私たち1人ひとりの行動や考え方が集積したものです。世界から選手や人々が訪れる20年東京大会は、それが問われる機会になります。

　「障がい」は、私たち皆の中にあり得る。実はそれは、私たちの心の中にもあるのだと思います。先入観、あるいは偏見という形容がついて。怖いのは、それは他者だけでなく、自分自身にも向かうということです。

　例えば、脚が痛くて歩きにくくなり、杖をつくようになってしまった。車いすになってしまった。自身の中に障がいというものに対する偏見があると、「車いすは恥ずかしい」「もうこのような姿は人様には見せられない」、そういう考え方になってしまいます。それでは豊かな人生は過

ごせず、自尊心も失われかねない。

　パラリンピアンたちの活躍が、言葉を介さず発するメッセージは、まさにこの点を突いて来ます。もうできない、どうせだめだから…と迷うのをやめて。違いを受け入れることから始まるものがあるのです。自分のいま持てる力を見つめ、前を向くことが、豊かに生きる一歩です、と。

　東京大会に向けて、「共生社会」という言葉を聞きます。多様性を受け入れ、そこに価値を見い出して、未来を支え合う、そんな考え方です。パラリンピックの理念として、障がいの有無を超えるという意味で広まりましたが、いまやそれは年齢、国籍、性別、さまざまな違いを内包するようにもなってきた。地方行政に「共生社会の創出」を掲げ、真剣に向き合うところが増えていることからも分かるように、これは高齢化や人口減少が進む日本の未来のカギ、という位置づけにさえなっているのです。その基本は、1人ひとりがより豊かに、社会とつながり生きること、です。

　パラリンピックが社会に与える影響は、その社会の成熟度や、時代によって変わって来ます。1964年東京大会では、仕事と自分の人生を持ち、渋谷に飲みに繰り出すような外国選手たちの姿が、「保養所」等での療養が主だった日本の選手たちの現実に比して大きな衝撃を与えました。それが障がい者のスポーツや、就職など社会復帰の推進につながったとされます。

　パラリンピック自体が、当初のリハビリからエリートスポーツとなり、いまや日本の所管も、厚生労働省から文部科学省（スポーツ庁）に移る時代。東京大会は「スポーツの祭典」として、世代や立場を超えた広範囲の人々に視聴され、メッセージを届けるものになります。「障がい」への見方の変革を端緒にしながらも、レガシーの主題が共生社会の創出となり、私たちの未来となっていくのは、必然なのだと思います。

　世界はいま、不寛容の時代に入りつつあるようにも見える。多様性に

価値を見いだせるかは、日本の行く末だけでなく、世界とのつながりにおいてもカギを握るのかも知れません。各国のパラリンピック委員会代表が東京に集結した19年9月の会議では、各大陸の代表から日本に、「日本社会の経験を共有し、世界でパラリンピック運動を深める役割を担って」ほしいとの要望が続きました。パラリンピックを通じて国際社会を後押しする、そんな期待を受けるほど、日本は「成熟」していると見られているのです。

　パーソンズIPC会長は言います。「大会開催は、あくまで触媒でしかないのです。レガシーは、偶然に任せていては根付いてくれない。事前からの準備と、機運を生かし続ける努力が必要です」。違いを受け入れることに、価値を感じること。私たち1人ひとりが、自分自身の生き方と向き合い、社会の変化を作りだすこと。そんなレガシーがいつか、国際社会の「文明度」の向上にもつながれば、と思います。

6

パラスポーツ・ボランティアを実践する

パラスポーツ・ボランティアとして関わる

その意義と可能性

松尾哲矢

立教大学コミュニティ福祉学部教授

1 パラスポーツ・ボランティアとは何か

(1) パラスポーツ・ボランティアとは

　ボランティア活動とは、一般的には「自発的な意志に基づき他人や社会に貢献する行為」としてとらえられています。

　ここでパラスポーツ・ボランティア活動とは、「自発的な意志に基づき、報酬を目的としないで、パラリンピック種目のみならず広く障がい者スポーツ推進に貢献する行為」を意味し、それらの活動をする人のことをパラスポーツ・ボランティアと定義したいと思います。

　主な活動内容は、**表1**のように整理できます。日常的に実施される「個人的なスポーツ活動」や「クラブ・サークル・団体的な活動」での支援、そして、パラリンピックに代表されるような大小の「大会やイベン

表1　パラスポーツ・ボランティアのタイプと主な活動内容

		一般		アスリート
		タイプ	主な活動内容	主な活動内容
日常的な活動	個人的なスポーツ活動	ボランティア指導者	指導・助言	指導・助言、情報発信
		活動サポーター	移動、活動サポート、情報提供、情報発信など	
	クラブ・サークル・団体的なスポーツ活動	ボランティア指導者（監督、コーチ、アシスタント、トレーナーなど）	指導・助言、指導アシスタント、コンディショニング、情報提供、情報発信など	指導・助言、初心者やジュニアの指導、講演会等の実施
		運営ボランティア（役員・監事、マネジャー、会計、広報、運搬・運転など）	年間計画の策定、事業の推進・運営、会計、情報の提供、情報の発信、会員への連絡、運搬・運転など	
		活動サポーター	移動、活動サポート、情報提供、情報発信など	
非日常的な活動	イベント・大会・体験会	専門ボランティア（審判、通訳、医療介護、システムエンジニア、大会役員など）	審判、通訳、医療救護、データ処理、大会役員、情報提供、情報発信など	体験会・地域イベントでのデモンストレーション、大会の参加、講演、情報発信など
		一般ボランティア（受付・案内・誘導、給水、記録・掲示、運搬・運転、移動補助など）	受付・案内・誘導、給水、記録・掲示、運搬・運転、移動補助、情報発信補助など	

※文部省・スポーツにおけるボランティア活動の実態等に関する調査協力者会議，2000，p.10を参考に作成（松尾，2019）注1)

ト、体験会等の支援」があります。それらの活動に一般の方はもちろん、近年では、パラリンピアンに代表されるアスリートがボランティア活動に参加することも多くなっています。

　一応の分類はしていますが、「障がい者スポーツのあるところ、求めのあるところパラスポーツ・ボランティア活動あり」といえます。その意味では、さまざまな活動内容や範囲、程度が考えられる多様な活動であり、創造的に関わることが重要な領域ともいえるでしょう。

(2) パラスポーツ・ボランティアの特徴

　まず、ボランティア活動に共通する特性として「自発性」「無償性」「公益性（利他性）」を挙げることができます。

　「自発性」とは、自分で考え、判断し、自分の責任で行動する、ということです。もともとボランティアという言葉は、「自由意志」を意味するラテン語の「ボランタス（Voluntas）」が語源となっています。自発的に参加するかどうかが、ボランティア活動を実施する上で最も重要な特性といえます。

　「無償性」とは、経済的な報酬を求めない、ということです。人のために活動する上で、経済的な対価を前提とせず、経済的な利益を求めない特性のことです。換言すれば、経済行為と一線を画し、利害を越えた人と人の交わりに価値を置く特性だといえます。その意味で、活動を実施するために必要な実費（交通費等）を弁償するといった行為は、必ずしもその価値を損ねるものではありません。また、経済的な報酬ではなく、精神的な報酬（満足、喜び）を結果として得ることは、むしろボランティアを行うモチベーションにもなるものといえます。

　「公益性（利他性）」とは、他の人や社会の役に立つ、ということであり、他者のために尽くすという特性のことです。他者からの求めに応じて活動する過程で生活課題、地域課題に気づくこともあり得ます。同時に

公益に資する活動かどうか、常に問い直しを必要とする活動ともいえます。

　以上の3つの特性の他に、パラスポーツ・ボランティア独特の特性として「相互性（交歓性）」を挙げることができます。

「相互性」の強調については、援助する側からの一方的な援助の結果、受ける側が援助する側に対して依存度を高め自立が妨げられる結果になる危険性への反省があったという入江氏[1]の指摘にも首肯できます。しかし、パラスポーツ・ボランティアの場合、支援する側として支援しているのに、受援者の頑張りに逆に元気をもらったり、ゴールした瞬間、共に歓喜し涙したり、自らの障がい理解の間違いに気づかされたりすることが多々あります。つまり、与えているようで与えられる経験、共に在る歓びの実感を得やすい特徴をもっています。この「相互性（交歓性）」こそ、パラスポーツ・ボランティアの重要な特性といえます。

（3）日本におけるボランティア活動とパラスポーツ・ボランティア
──どうしていま、パラスポーツ・ボランティアなのか

　ボランティア活動を含むボランタリーな活動[注2]を「自発的な社会的活動」ととらえ、その歴史的経緯を整理した山岡氏の指摘にしたがって見てみると、日本で特徴的な活動である「地縁型相互扶助活動」の歴史は古く、古代日本において律令のなかに老人や病人の介護は近親者が行い、身寄りのない人や障がい者の世話は坊里すなわち近隣で行うことが義務づけられていました。また江戸時代の五人組の範とされた五保もすでに律令に規定されており、江戸時代の五人組の制度は、相互監視と連帯責任による統治の仕組みであるとともに内的秩序の維持と相互扶助の組織でもありました。それが仲間内の助け合いを中心としたムラ型の相互扶助の慣習となったのです。その後、明治から大正にかけて自治会、町内会となり、それが現在でも地縁型組織の基盤となっています。その特徴

としては、個人ではなく世帯単位の加入であり、行政との強いつながりをもっている点にあります。

その一方で、「市民（公益）活動」に目を向けると1960年代後半から自然保護運動や消費者運動が活発化し、それが福祉、教育、環境へと展開、さらに健康、文化、国際交流、国際協力へと範囲が広がります。80〜90年代になると「それまでの正義感と使命感に支えられた「真面目」な活動よりも、仲間づくりやイベントを重視した「楽しい」活動」や「分野や地域をこえて共通の問題意識をもって交流を図るようなネットワーキング型の活動」を重視した活動が増えてきたと山岡氏[2]は指摘しています。つまり「地縁型相互扶助活動：自治組織」を中心とした相互扶助から、近年、「市民（公益）活動」が広がりつつあるのが日本のボランティアの状況だといえます。

そのなかで1995年、阪神・淡路大震災が発生、ボランティア活動が注目され、その年がボランティア元年といわれています。

そして、自発的な社会的活動である「スポーツボランティア活動」は、このような流れのなかに生まれたと言えます。

（4）スポーツボランティアの誕生とパラスポーツ・ボランティア

わが国において、明治以降、スポーツ指導や審判、大会の運営等のスポーツ支援は、基本的にボランティアによって担われてきたといっても過言ではありません。しかし、「スポーツボランティア」という用語が使われるようになったのは、そんな昔の話ではありません。最初に使用されたのは、1985年、兵庫県神戸市で開催された第13回ユニバーシアード神戸大会だと言われています。

それまでスポーツ競技大会の運営には、競技関係者が依頼されて手伝うという、いわば「駆り出され型：団体依頼型」の手伝い方式が一般的でした。そのなかにあって106カ国、4400人の選手・役員、10競技

120種目で開催された本大会に、公募方式でボランティアを公募し、結果、4万2000人のボランティアが参加する大会となったのです。この方式は日本の国際大会等の運営のモデルとなり、徐々に大会ボランティアとして定着していきました。

1998年、日本で開催された長野オリンピック・パラリンピックでは、運営ボランティアとして約3万3000人が活動しました。そして、2000年に出された「スポーツ振興基本計画」において「スポーツボランティア」という用語が公的に使用されました。その後、2007年第1回東京マラソンの開催時には、約1万人がスポーツボランティアとして活動し、全国各地で開催される競技会、大会等でボランティア参加が一般化してきました。そして、2020年東京オリンピック・パラリンピック競技大会の大会ボランティアには、8万人の募集に対して、2倍以上の約20万5000人が応募するなど、スポーツボランティア活動が誰にでも参加できる身近な活動となり、スポーツの1つの楽しみ方として定着しつつあるといえます。

そのようななか、パラスポーツの推進と共生社会の実現に向けてパラスポーツ・ボランティアのあり方と方法が問われているのです。

2 パラスポーツ・ボランティアの意義と可能性

パラスポーツ・ボランティアの意義と可能性はどこにあるのでしょうか。それは、支援者と受援者との相互尊敬と「楽しさ」「喜び」の共有を通して、新しいスポーツライフと環境を創ること、人が共に生きる礎を創ること、ひいては、すべての人の尊厳が守られ、相互に承認された共生社会の扉を開けることにあります。

以下、具体的に見ていきましょう（図2）。

（1）新しいスポーツライフと環境を創る

①新しいスポーツライフの発見——「ささえる」「応援する」スポーツ文化の創造

　わが国は、「成長社会」から1人ひとりの生活の豊かさを求める「成熟社会」に変りつつあります。成熟社会におけるスポーツは、「すべての人がその人らしくスポーツを楽しめていること」が大切です。これまでのスポーツライフは、「する」「見る」中心のスポーツ文化だったといえます。これまでもスポーツ指導や審判、大会の運営役員やスタッフは、その多くがボランティアとして活動をしてきたのですが、文化としてみる視点はありませんでした。

　パラスポーツ・ボランティア活動の特徴は、楽しみながら参加できる点にあります。参加者とのふれあいや共にスポーツを創る重要な文化であり、楽しみ方だといえます。

　自分は、スポーツをするのは苦手だけれど、応援したり、支えたりすることが好きという方も多数います。つまり、新しいスポーツライフの重要な一領域であり、楽しみ方の創造の場となり得るのです。

②すべての人に優しいスポーツの創造——「すべての人」に優しいスポーツ・スポーツ環境

　現在実施されている大半のスポーツは、明治以降に日本に入ってきました。その多くが英国の男子校であったパブリックスクールにその出自をもつスポーツであり、どちらかといえば、若者、男子、競技志向の種目ややり方が多かったといえます。そのため、元来、人に合わせてスポーツを創ったにもかかわらず、いつのまにかスポーツに人が合わせざるを得なくなりました。たとえば、大会の出場資格規程によって年齢制限があったり、障がいの有無によって制限されたりなどです。このため、スポーツはすべての人に開かれているといいながら、一部の人しか楽しめないものとなってきたことも事実です。

図2 パラスポーツ・ボランティアの意義と可能性

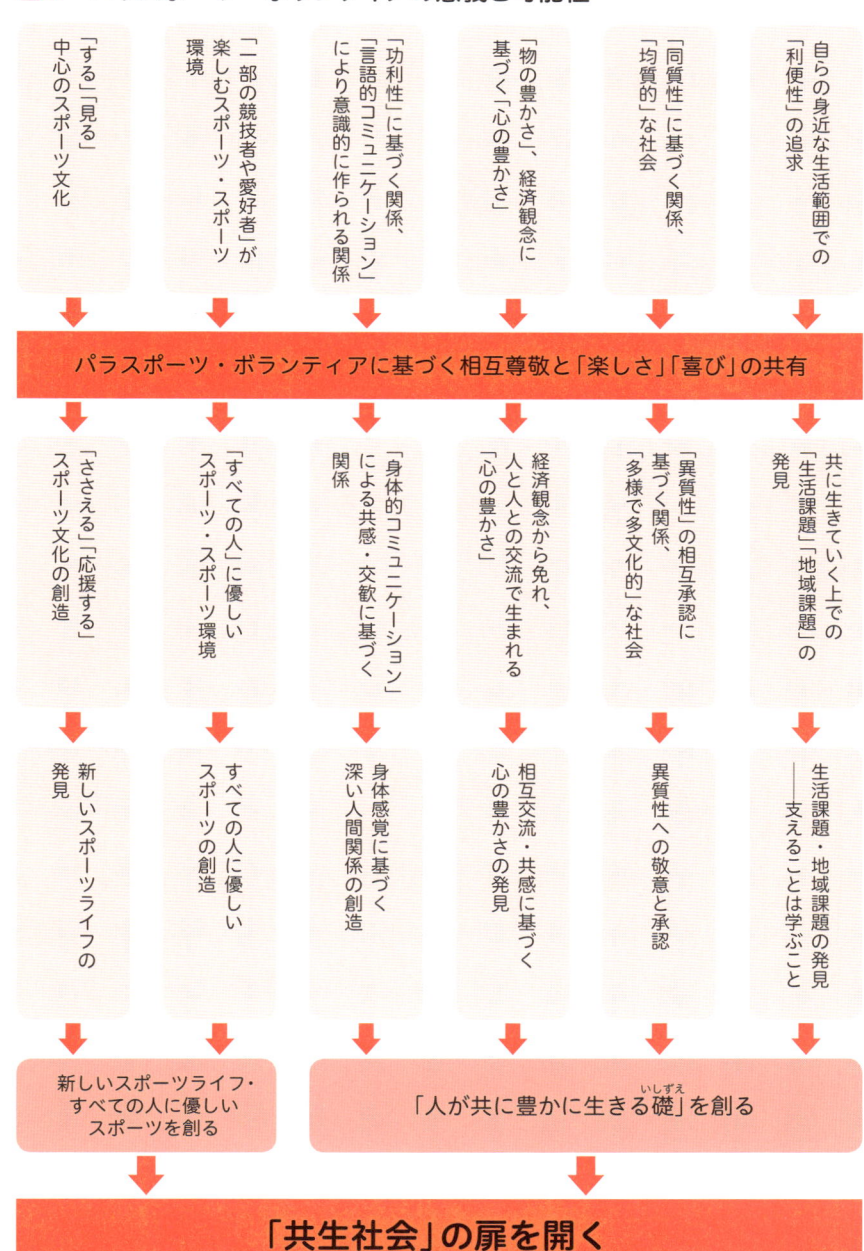

パラスポーツの支援では、特別な配慮が必要な場合がありますが、であるがゆえに、現在のスポーツ環境の不十分さを認識し、特別な配慮をしなくても誰もが参加できるスポーツ環境を考える契機となります。その結果として、すべての人に優しい、人に合わせたスポーツやスポーツ環境づくりへの扉を開くことにつながるのです。

（2）人が共に生きる礎を創ること

③身体感覚に基づく深い人間関係の創造——「身体的コミュニケーション」による共感・交歓に基づく関係

　身体という言葉を聞くと、筋肉や骨といった「生理学的身体」を想像しますが、角度を変えると別な身体を考えることができます。たとえば、「身体意識を含み込んだ身体」を考えることができます。

　具体的にテニスを事例に考えてみます。初めてラケットを持ってテニスを行うと、なかなかうまく当たらず、ラケットを持たず、素手のほうがよほど当たるという経験をした方もあろうかと思います。

　しかし、ラケットに慣れてきて、少し打てるようになると、自分がラケットを持っているのだという感覚が薄れ、あたかも自分の手で打っているような感覚になることがあります。さらに、上手くなると、いまのはきちんとラケットのスイートスポットに当たった、上手く当たらなかったとか、さらにいくと、いまのだと、相手コートの奥右隅に入るとか、ぎりぎり入らないとかもわかるようになってきます。

　これはどのような現象なのでしょうか。もちろんラケットは、手に持っていますので物理的にはつながっていません。しかしながら、そこに、身体感覚や身体意識という視点を入れると、必ずしも切れているわけではありません。

　つまり、慣れるにしたがって、手とラケットはつながって意識されてきます。そしてラケットの面があたかも手の平のように感じられ、どこ

に当たったのか、どのように当たったのかを感じることができるように
なり、さらに、慣れてくると身体感覚はさらに延びて、当たった瞬間に
相手のコートのどの部分に入るのかが感覚される、つまり相手コートま
で身体感覚が延びたととらえることができるのです。

　ここで重要なことは、身体の感覚は延びたり、縮んだりすること、ま
た他の物を持った場合でも、感覚的には同化することができるというこ
とです。

　つまり、たとえば、視覚障がい者の方とボランティアの方が1本の輪
状のロープで結びついて伴走をされているシーンを見ることがあります
が、そこでは物理的には別でも、身体感覚、身体意識という点でみると、
つながっている、共通のものとして感覚できる可能性があるということ
です。そして、共感し、つながっている自覚は、快感であると同時に、
自分は一人ではないという安心感と安定感の基盤となるのです。

　パラスポーツ・ボランティア活動は、もちろんさまざまでタイプにも
よりますが、伴走等の場面だけでなく、競技者や愛好者の頑張りを間接
的に支援するだけでも、共振、共感し、感動やつながりを共有できる貴
重な体験となるのです。言葉を介さない身体的コミュニケーション、言
いかえればスポーツ的コミュニケーションをとることができる点が、ス
ポーツボランティア活動のだいご味ともいえるでしょう。

④相互交流・共感に基づく心の豊かさの発見——経済観念から免れ、人と人との交流で生まれる「心の豊かさ」

　「時は金なり」と説いたのは、アメリカ合衆国で有名な政治家の1人で
あるベンジャミン・フランクリンです。経済発展を求める社会にあって、
時間がお金、すなわち経済的な観念と結びつけられてきました。すべて
の活動が、お金に換算していくらに値するのかといった経済観念と結び
つけられてきたのです。その結果、お金にならないことは、無駄なこと
だという認識を生み出しました。果たしてそうでしょうか。

人として生まれ、人と交わりながら豊かに生きていくこと、その上で経済活動はとても重要であることは否定できませんが、いつのまにかすべてが金額に置き換えられ、人の価値すらも経済的な基準で価値があるとかないとか、なんとも不幸なことです。経済基準とは異なる、いわば「交流・交歓、互恵性の基準」をもつことこそ豊かに生きる上で極めて重要なのではないでしょうか。

　しかし、小さいころから経済基準が優先される社会に生きてきた我々にとって、「交流・交歓、互恵性の基準」を身に着けることは簡単ではありません。その獲得のためには、日常の活動のなかで意図的に獲得の機会を作る以外にないといえます。

　その意味で、パラスポーツ・ボランティア活動は、生きていく上で、経済的な基準だけではない、新たな「交流・交歓、互恵性の基準」を感じとり、自らのものにする上で極めて重要な機会となるのです。そこにボランティア活動の意義や価値があるといえます。

　言いかえれば、競争原理に基づく利己性を追求する社会のあり方を見直し、共に豊かに生きることのできるコミュニティ形成の核として、社会的な豊かさをもたらす価値の高い活動として大きな期待が寄せられているのです。

⑤**異質性への敬意と承認**──「異質性」の相互承認に基づく関係、「多様で多文化的」な社会

　明治期以降、学校制度が発達するなかで、それまでは、地域のなかで障がいの有無にかかわらず共に生活をしてきた関係が限定されることになります。つまり、一定数の集団が存する学級（クラス）を１人の先生が指導する学校教育制度では、障がいを有する児童・生徒への指導が行き届きにくい。そこで、現在でいう「特別支援学級」や「特別支援学校」を作ることで分離して教育する仕組みを作ってきました。障がいの有無に関わらず、よい教育を受けさせたいという思いで作られた仕組みは、意図

せざる結果として、障がいのある子とない子の交流の断絶を生み出したのです。

　その結果、障がいを有する人との関わり方がわからない人を多数生み出し続けることになったのです。それではすべての人の尊厳が守られ、共に生きる共生社会などできる訳がありません。

　そのため、すべての人が互いの多様性を認め、共生社会を創るためには、障がいのある人とない人の交流の機会を意図的に作ることが極めて重要です。

　その意味でもパラスポーツ・ボランティア活動は、重要な機会となるのです。

⑥生活課題・地域課題の発見──**支えることは学ぶこと**──共に生きていく上での「生活課題」「地域課題」の発見

　「支えることは、学ぶこと」でもあります。必死にゴールを目指している人を、「頑張れ！」と支え、応援することで自然と涙があふれ、気がつけば自分が元気をもらっていたということがあります。また、それまでの障がいの見方や枠組みの狭さに気が付くこともあります。

　つまりパラスポーツ・ボランティア活動は、元気づけながら元気をもらう機会、支えながら自らを見直す機会、障がいの見方を見直す機会となり得るということです。また、それだけではなく、支えることを通してパラスポーツを取り巻く環境や社会の問題点に気づき、支援者自らの中でそのことに対する課題意識が立ち上がり、新たな活動を惹起させる契機ともなり得ます。支えることは学ぶことでもあるのです。

(3) パラスポーツ・ボランティアの原則を考える
──障がい者とのかかわり方を中心に

　パラスポーツ・ボランティアが、いかに社会的に価値ある活動とはい

え、やり方を誤ると単なるボランティアの自己満足にとどまったり、逆に相手にいやな思いをさせたりすることにもなりかねません。

　そこでここでは、豊かなパラスポーツ・ボランティアを担保するための原則について考えてみましょう。

　その原則を探るために、ボランティアからの支援を受けた側の人（以下、「受援者」とする）はどのように感じているのかについて見てみましょう。**図3、4**は、受援経験のある身体障がい者を対象に、支援を受けた際に感じた不快経験について山田氏ら[3]が実施した調査の結果を示したグラフです。

　全体の40%の人が不快経験（「よくある」+「何回かある」+「1度だけある」の合計）を有しています。図には示していませんが、全体の約9割の人がボランティアの接し方・態度、支援（サポート）力について満足と回答しており、高い満足度を示しているといえますが、その一方で、不快体験を感じたことのある人が4割いるということは無視できる数値ではありません。「ある」と回答した人に、その具体的内容について聞いた（複数回答）ところ、「期待とのくい違いがあった」（41.1%）、「支援（サポート）技術が不十分」（32.6%）、「横柄で偉そうな態度だった」（27.9%）、「何となく、頼みにくさがあった」（26.4%）、「ボランティアが遠慮がちで緊張した」（23.3%）の順となっています。それ以外には、「ことばづかいが悪かった」（19.4%）、「特別視、特別あつかいを感じた」（17.8%）、「無責任で困ったことがあった」（9.3%）が挙げられていました。

　これらの結果が意味しているものは何かを考えながら、以下、パラスポーツ愛好者や競技者との向き合い方、構え、対応の仕方などについてみてみましょう。

①自発性と責任の原則（自発性との関連で）

　ボランティア活動は、自発性に基づき自ら進んで行う活動です。このため、何を実施するのか、どの程度実施するのかなど、自分で考えて取

図3 不快体験の有無（N=322）（山田・松尾，2017）

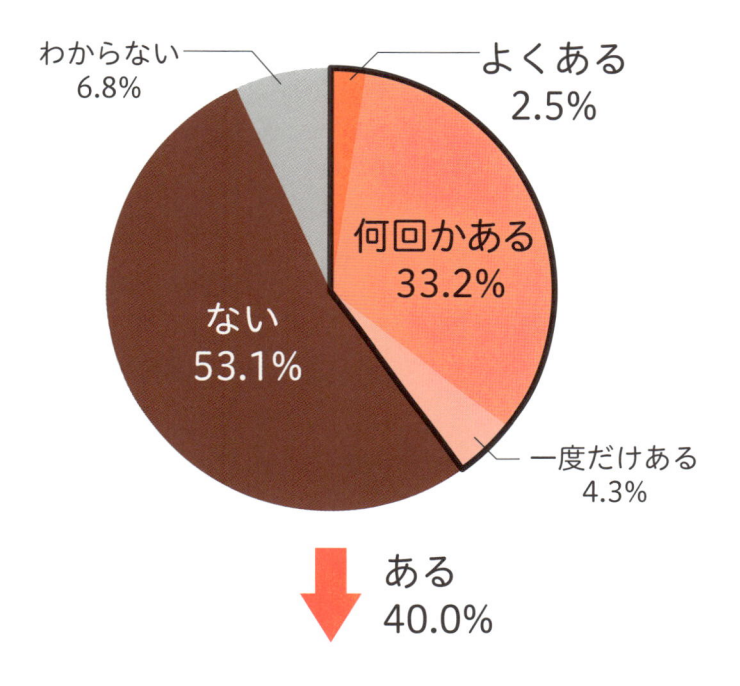

わからない
6.8%

よくある
2.5%

何回かある
33.2%

ない
53.1%

一度だけある
4.3%

ある
40.0%

図4 不快体験の具体的内容（N=129　M.T.=213.2%）（山田・松尾，2017）

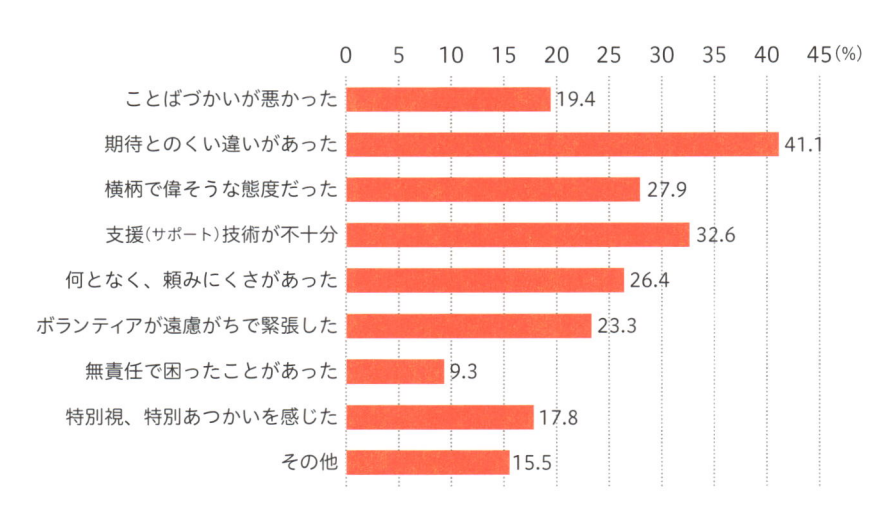

内容	%
ことばづかいが悪かった	19.4
期待とのくい違いがあった	41.1
横柄で偉そうな態度だった	27.9
支援（サポート）技術が不十分	32.6
何となく、頼みにくさがあった	26.4
ボランティアが遠慮がちで緊張した	23.3
無責任で困ったことがあった	9.3
特別視、特別あつかいを感じた	17.8
その他	15.5

り組むことになります。自分で決められることとはいえ、たとえば、競技会でのボランティア活動が始まったのちに、「午後から急に用事が出来ましたので、失礼します」と言ったとします。ときと場合によりますが、活動の途中でボランティア自身の都合で活動をやめることで、パラスポーツ参加者は、大変困ってしまいます。それが先の調査結果での「無責任で困ったことがあった」(9.3%) に表れているともいえます。つまり、自発的な活動であっても、わがままな行為が許されるわけではありません。ボランティア活動が自らの意思に基づいて実施される活動であるがゆえに、活動に対して自らが課した責任があるという自覚こそが求められることになります。

②**活動内容に応じたボランティアスキル確保の原則**（公益性との関連で）
　　——スキルとルール・マナーの獲得・向上

　ボランティアのタイプには、前述したように特別な知識や技術を必要としないものや一定の経験を活かして活動する一般ボランティアと、職業上の専門教育や訓練を受けた人がその専門性を生かして行う専門ボランティアがあります。

　先の調査結果での「支援（サポート）技術が不十分」(32.6%) という指摘にもみられるように、指導内容によっては、「ボランティアなのだから…」ではすまないことも起こり得ます。自分で無理なくできるボランティアを楽しく行うことこそ、充実したボランティアライフを保障してくれるものです。このため自分の興味や能力に応じて無理なくできるパラスポーツ・ボランティアを選択することが大切です。また、サポートをする上で、守るべきルールやマナー（失礼にならない立ち居振る舞い）を身に着ける必要があります。

　また、支援の基本的なスキルや守るべきルールやマナーを身に着けるだけでなく、常にボランティアスキルが高められるような取り組みが重要です。さらにボランティア活動を支える団体や組織のなかにフィード

バックシステムや研修制度、フォローアップ制度の充実が求められます。

③**対等性保持と相互尊敬の原則**──甘えの構造からの脱却（相互性との関連で）

　本来、支援者と受援者との関係はお互いのリスペクト（敬意、尊敬）に基づく対等な関係であるべきものです。この原則は、相互性（交歓性）を担保する意味でも極めて重要です。

　この原則と関連して、先の調査結果での「横柄で偉そうな態度だった」（27.9%）、「何となく、頼みにくさがあった」（26.4%）、「ボランティアが遠慮がちで緊張した」（23.3%）、「ことばづかいが悪かった」（19.4%）に着目してみたいと思います。

　これらの項目は、支援者と受援者の両者間の関係のあり方を反映したものといえます。とくに、ボランティアの「横柄で偉そうな態度」や「悪い言葉づかい」の問題は、支援者と受援者との地位関係を反映しており、国際・全国レベルのスポーツ競技会などではときには関係が逆転し、支援者が低位に見られることがあるという指摘もあります。

　支援者が変に優越感を増幅させたり、逆に低位に位置づけられたりするような地位関係は、相互の関係の対等性と相互尊敬の原則に関する無理解のために生じるものといえます。

　この「横柄な態度」「悪い言葉づかい」と「遠慮」や「頼みにくさ」の経験を合わせて考えてみます。これらの背景には土居氏[4]が指摘する「甘えの構造」があると考えることもできます。つまり、初めのうちは支援者と受援者との関係が出来ておらず、それが緊張感や遠慮等として表れます。しかしながら、いったん関係が成立していると感じると、今度は何をしても許されるという、なれなれしい気持ちや振る舞いをしてしまう、それが「横柄な態度」「悪い言葉づかい」に繋がっていると見ることもできます。

　支援者と受援者との対等性保持と相互尊敬の原則は、関係が深まれば深まるほど大切にすべき原則ともいえます。

さらのこの点に関連して「特別視、特別あつかいを感じた」(17.8%) という指摘は重要です。このことは受援者への対応によっては、差別化を増幅してしまう危険性をはらんでいることを示唆するものです。その意味でもこの原則は徹底されなければならないといえます。

④ 相互了解の原則 (相互性との関連で)

　ここでは先の調査結果での「期待とのくい違いがあった」(41.1%) という点に着目してみたいと思います。どうしてこういうことになるのでしょうか。この点を明らかにするためにまず、ボランティア活動を1つの役割行動としてとらえ、人はどのようなプロセスを経て役割行動を行うのかをみてみましょう。

　役割行動について渡辺氏[5] は、ある役割行動に至る一般的なプロセスについて、まず、ある役割 (例：パラスポーツ・ボランティア) に対する社会的な規範 (一般的な考え方やルール、基準) を背景として、その場や状況での役割期待 (相手の期待) と役割規範 (行うべき内容や行う際のルールや基準) の交渉過程を通して、その場に応じた役割行動を行うものとして想定しています。このプロセスをパラスポーツ・ボランティアにあてはめると次のようになります。

　パラスポーツ・ボランティア活動に取り組もうとした場合、まずボランティアに対する一般的な理解と行動する際のルールやマナー、基準などをイメージします。次いで、たとえばスポーツ指導のボランティアであれば、対象者の特性や技術レベル、目的などを考慮しながら相手の期待を認知します。そしてその期待と自らがもつボランティア活動者としてのやるべき事柄や行動の基準、あるべき姿等とを突き合わせて、実行に移すのです。

　ここで問題になるのが、相手の期待と自分が考えるボランティアの役割規範とが一致しているかどうか、です。このことは受援者側についてもいえることですが、ここにズレが生じると「やってほしいことと内容

が違っていた」ということになるのです。

　ところがこの相手の役割期待と自らの役割規範の交渉過程において日本人の場合、相手にその期待を確認することをためらい、「察し」や「暗黙の了解」を美徳と考える傾向が残っているものと思われます。ここにそのズレが生じるコミュニケーション上の根本問題があります。今後、充実したパラスポーツ・ボランティアの実践のためには、相手が有する期待を感覚的な察しや推察で把握するのではく、双方向的な言語によるコミュニケーションを用いて明確に把握し、「相互に了解すること」が極めて重要といえます。

⑤ 日常生活上のバランス性の原則（無償性との関連で）

　ボランティア活動のなかには、すべてを投げ捨てて取り組まねばならない緊急なものもありますが、パラスポーツ・ボランティア活動に関しては日常的に行なわれるものが大半です。この日常的なボランティア活動については、ボランティアの「無償性」という特性から、余暇活動の範囲内で完結し、他の生活領域（家庭・職場など）に支障をきたさないことが重要です。

　筆者が実施したボランティアスポーツ指導者調査によれば、スポーツ指導に過度にのめり込み、ほかの生活領域での活動に支障をきたしている指導者が約3割にも上っていました。そこで、米国の青少年を対象とするボランティア指導者にも同様の調査をし、両国間で比較したところ、日本の指導者で極めて高い生活支障率でした。また、活動の行動基準となるボランティア意識について比較したところ、日本の指導者で自己犠牲を肯定する意識が高く、アメリカの指導者では、ボランティアは生活のバランスを大切にしながら行うべきだといった観念が強く内面化されていました。

　このボランティア活動と他の生活領域での活動とのバランス性こそ、ボランティア活動を持続可能なものとしてくれます。

図5 パラスポーツ・ボランティアの原則 (松尾，2019)

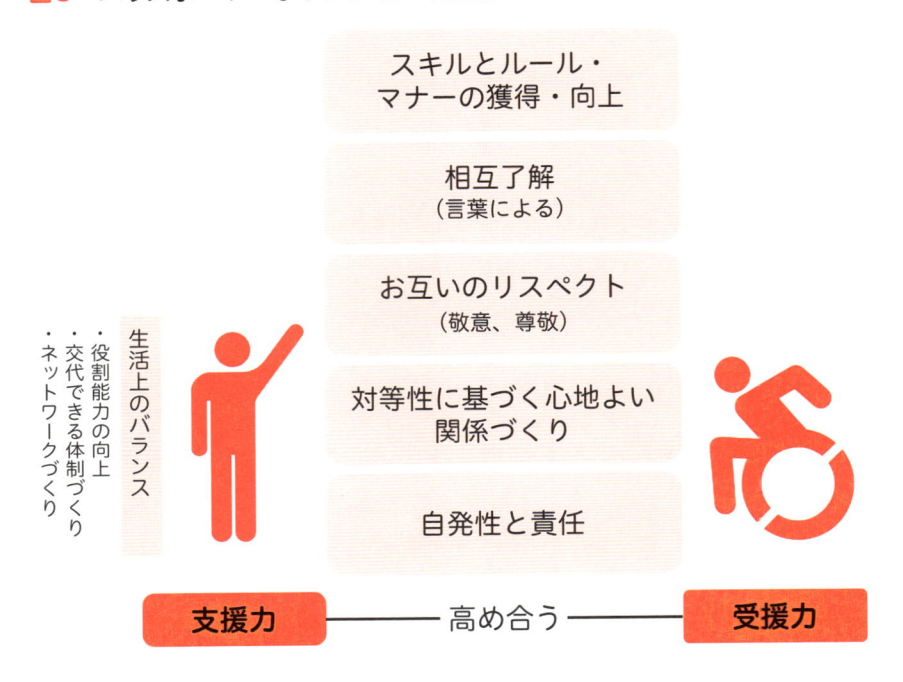

スキルとルール・
マナーの獲得・向上

相互了解
（言葉による）

お互いのリスペクト
（敬意、尊敬）

対等性に基づく心地よい
関係づくり

自発性と責任

生活上のバランス
・役割能力の向上
・交代できる体制づくり
・ネットワークづくり

支援力 ——— 高め合う ——— **受援力**

⑥ボランティア活動とその持続に向けて——自発性パラドックスを超えて

　ボランティア活動は自発的な活動ですので、ここまでで終わりという決まりがありません。企業であれば損益がでない程度に、行政であれば法令が許す範囲で実施するという基準がありますが、ボランティア活動は、自発的な活動であるが故に、どの範囲で、どの程度実施するのかを自分で決定する必要があります。このため、活動に真剣に取り組む人ほど、責任感の強い人ほど、もっとやるべきではないかという思いをもってしまい、自分を追い込むことになります。これを金子氏[6]は「自発性パラドックス」（パラドックス=逆説）と呼んでいます。前述したように筆者が、ボランティアスポーツ指導者を対象として実施した調査において、約3割の人が子どもたちや愛好者の人に良かれと思い、ボランティア指導に没頭するあまり日常生活上のさまざまな支障（時間的、関係的、金銭的

等）を抱えながら指導をしていましたがその様相は、まさに自発性のパラドックスを表したものといえます。

　つまり、自発的な活動であるがゆえに、どこまでやればよいのかの基準がつかめず、責任感が強く、まじめであればあるほどもっとやるべきとの思いで、自らを追い込む結果となってしまいかねないこと、ここは肝に銘じておく必要があります。

　そこで、ボランティア活動を楽しく、継続するためには、その特徴をよく理解し、あくまでも自らの生活上、支障をきたさない範囲と程度で実施することが大切です。それでは具体的にはどうすればよいのでしょうか。

　まず第1には、ボランティアに対する役割規範（どのような役割を果たすべきかについての考え方）を持つことが重要です。具体的には、特別な緊急事態等を除いて、日常的に実施する場合は、どんなに強い期待や要望があったとしても、自らの役割規範において、生活を犠牲にしてまで実施するべきではないという規範を持つなど、ボランティアに対する「役割能力（葛藤を意識的に解決し規範を操作する能力のこと）」を高め、持続可能な形でボランティア活動を継続することが重要です。

　第2には、ボランティア活動の限界と役割を活動仲間で共有し、労力と責任の分散を図り、お互い無理をしなくてもできる体制づくり（たとえば、いつでも交代できる仕組みなど）や他の団体等との連携による皆で支える仕組みづくりが重要です。

（4）パラスポーツ・ボランティア文化を創る

　パラスポーツ・ボランティアを文化としてとらえ、その発展を考える上では、その文化がどんな範囲や内容でできているのか、生活のなかで文化と楽しむためにはどうすればよいのか、これからのパラスポーツ・ボランティア文化を発展させるための課題と可能性を知っておく必要が

あります。

①パラスポーツ・ボランティア文化の構造と内容

　文化をめぐる定義はさまざまありますが、人類学者の R. リントン[7]は、文化とは習得された行動と行動の結果との総合体であり、それが社会で分有され、伝達されているもの、と指摘しています。

　ここでは、文化が人が創り出した行動の仕方や考え方、その結果として生み出された事物や観念であること、そして学習されることで獲得され、伝達されていくものという指摘は重要です。

　「スポーツ」「ボランティア」それぞれに固有の行動様式や考え方、事物を持った文化です。その意味でパラスポーツ・ボランティア文化は、それらを融合した領域に位置づき、形づくられつつある新しい文化であるといえます。

　文化を考えるにあたって菊氏[8]は、**図6** に示すように「観念文化（その文化に関する観念（見方・考え方）体系）」「行動文化（一定の行動様式の体系）」「物質文化（物的条件としての施設、用具、衣服などの事物の体系）」によって成立しており、その時代の社会的構造（仕組みや成り立ち）や歴史的変動の影響を受けるものと指摘しています。その枠組みを踏まえてパラスポーツ・ボランティア文化の全体像を考えてみます。

　パラスポーツ・ボランティア文化を考える場合、まず観念文化として、パラスポーツ・ボランティアの意義、価値、考え方を共有し、創り上げる必要があります。

　そして、その観念文化を踏まえて、パラスポーツ・ボランティアの技術（スキル）と行動する上で望ましさの基準となる規範や原則といった行動文化を身につける必要があります。行動する上で、パラスポーツ・ボランティア活動を可能にする施設や用具、衣服や言語、情報等の物的条件を整える、あるいは工夫するなどの物質文化を充実させていく必要があります。

図6　パラスポーツ・ボランティア文化の全体像（菊（2012）参照）

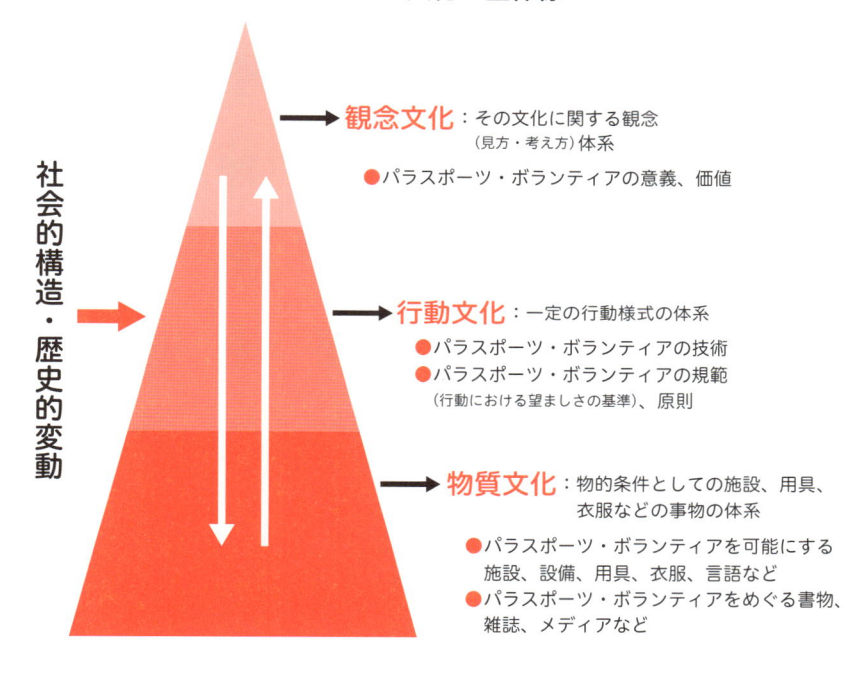

社会的構造・歴史的変動

観念文化：その文化に関する観念
（見方・考え方）体系
●パラスポーツ・ボランティアの意義、価値

行動文化：一定の行動様式の体系
●パラスポーツ・ボランティアの技術
●パラスポーツ・ボランティアの規範
（行動における望ましさの基準）、原則

物質文化：物的条件としての施設、用具、
衣服などの事物の体系
●パラスポーツ・ボランティアを可能にする
施設、設備、用具、衣服、言語など
●パラスポーツ・ボランティアをめぐる書物、
雑誌、メディアなど

②パラスポーツ・ボランティア文化を自らの生活スタイルとして楽しむために

　文化が後天的に学習されるものであるということは前述した通りです。その点に関連して、文化経済学者のモリス・ラスキン[9]は、芸術や文化は、その世界がどんなに優れた価値（固有価値）を有していても、それを受け取る側の人が、その世界を楽しむ能力（享受能力）を身につけていなければ、そこに有効な価値は生じない、と指摘しています。

　たとえば、素晴らしい壺（固有価値）といわばガラクタの類の壺があったとします。しかし、壺にさほど興味がなく、壺の見方を知らない人が、その双方をみても違いには気が付かないでしょうし、そこに価値を見出すことも難しいといえます。つまりその価値を受け取る人のその世界を楽しむ能力（享受能力）が高くなればなるほど、その違いが浮き彫りにな

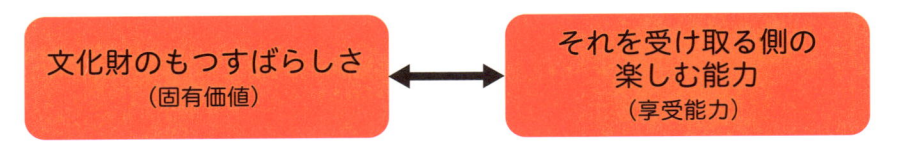

図7　文化を楽しむための要件

文化財のもつすばらしさ
（固有価値）
⬌
それを受け取る側の
楽しむ能力
（享受能力）

有効価値が生み出される

り、より深く楽しむことができるのです。

　文化としてより深く楽しむ享受能力を高めるにはどうすればよいのでしょうか。その段階として4つの段階が想定されます。

　まず「その文化財に興味・関心をもつ」、そして「その財の活動の仕方（ルール、マナー、活動方法など）を知る」、その上で、「自分なりの楽しみ方を知る、創る」、最後に「自分の生活になくてはならないライフスタイルとなる」という段階です。

　パラスポーツ・ボランティア文化を味わい楽しむ（享受）ためにはまず、活動に興味・関心をもって、基本的な考え方・方法を知り、実際に活動してみる。そして、その活動を実践するなかで、自分にあった活動内容や方法を編み出し、自分なりの楽しみ方を知る。その上で、パラスポーツ・ボランティア活動が自分の生活において欠かせない大切なものとなっていくのです。自分なりの楽しみ方を知る、それは決して自己流のわがままなやり方というのでなく、基本的な考え方や方法、規範を大切にした上でできるものであることには留意しておく必要があります。

　各人が自分なりの楽しみ方を知り、その取り組みが集積され、創造されていくなかでパラスポーツ・ボランティア文化が成熟していくのです。

③パラスポーツ・ボランティア文化の可能性と課題

　パラスポーツ・ボランティア文化の広がりと深化を考える上での今後

の課題について触れておきたいと思います。

　第1には、ボランティアを受ける側（受援者）からボランティアをする側（支援者）への軽やかな役割移行のできる空間づくりが急務です。たとえば、前述した調査によれば、スポーツを愛好する障がい者の約5割の人が「ボランティアに参加したい」と回答していました。2020東京オリンピック・パラリンピックの組織委員会によるボランティア募集において、障がいの有無に関わらず応募できることになっていますが、さらに日常的に障がい当事者が支援者になれる機会の創出が重要です。

　第2には、新しいタイプのスポーツボランティアの創造・開発が必要です。ボランティアは、いわば人の「求め」あるところに存在するものです。いまあるパラスポーツ・ボランティアの活動にとらわれることなく、さらに個人の興味や関心、特技を生かし、生活スタイルに応じて、たとえば、コンピュータの特技を有する人が双方向的情報の伝達にかかわる活動を行ったり、スポーツライフ相談員、訪問運動・スポーツ指導、競技規則の点字化を行ったりするなど、気軽にできる新しいタイプのパラスポーツ・ボランティア活動の創造・工夫が求められます。

　第3には、パラスポーツ・ボランティアから一般的なボランティアへの広がりの可能性についてです。パラスポーツ・ボランティア活動は、スポーツの新しい楽しみ方の1つでもあることは前述した通りですが、パラスポーツ・ボランティアがほかの生活領域での一般的なボランティア活動への窓口となる可能性は高いといえます。パラスポーツ・ボランティア活動の充実と他のボランティア活動への移行を促す契機づくりが望まれます。

　以上、パラスポーツ・ボランティア文化をめぐる課題を見てきましたが、重要なことはパラスポーツの実施者を真ん中に据えて、ボランティアとして何が求められているのか、実施する上での見方・考え方、行動の仕方、行動に必要な物ごとを考え続けること、創造し続けることであり、それがパラスポーツ・ボランティア文化の成熟につながるのです。

［注］

注1) スポーツボランティア活動とは、文部省（現：文部科学省）によれば「地域におけるスポーツクラブやスポーツ団体において、報酬を目的としないでクラブ・団体の運営や指導活動を日常的に支えたり、また、国際競技大会や地域スポーツ大会などにおいて、専門的能力や時間などを進んで提供し、大会の運営を支える人のこと」としています。

注2) 自発的な社会的活動は、山岡氏によれば、「地縁型相互扶助活動：自治組織」「宗教的篤志活動（仏教、キリスト教等）」「恩賜型篤志活動（非常時に恩賜による特別な計らい等）」「地域的救済活動（天災や飢饉等の非常時における困窮者の救済）」「自主的社会文化活動（富裕者による教育活動等）」「企業の社会貢献活動」「市民（公益）活動」に分類されます。

［参考文献］

1) 入江幸男 (1999)「ボランティアの思想──市民的公共性の担い手としてのボランティア」内海成治・入江幸男・水野義之編著『ボランティア学を学ぶ人のために』世界思想社，4-21ページ

2) 山岡義典 (1999)「ボランタリーな活動の歴史的背景」内海成治・入江幸男・水野義之編著『ボランティア学を学ぶ人のために』世界思想社，22-40ページ

3) 山田力也・松尾哲矢 (2017)「身体障害者スポーツ実施者からみたボランティアに対する意識及び関係性に関する研究」日本体育学会第68回大会口頭発表資料

4) 土居健郎 (1971)『「甘え」の構造』弘文堂

5) 渡辺秀樹 (1981)「個人・役割・社会──役割概念の統合をめざして」『思想，686』98-121ページ

6) 金子郁容 (1992)『ボランティア──もうひとつの情報社会』岩波書店

7) ラルフ・リントン，清水幾太郎・犬養康彦訳 (1952)『文化人類学入門』創元新社

8) 菊 幸一 (2012)「スポーツ文化論の視点」井上 俊・菊 幸一編著『よくわかるスポーツ文化論』ミネルヴァ書房，2-5ページ

9) モリス・ラスキン，木村正身訳 (1958)『ムネラ・プルウェリス──政治経済要義論』関書院

文部省（現：文部科学省）(2000)『スポーツにおけるボランティア活動の実態等に関する調査研究協力者会議報告書』10ページ

山口泰雄 (2004)「スポーツ・ボランティアの可能性」山口泰雄編『スポーツ・ボランティアへの招待──新しいスポーツ文化の可能性』世界思想社，1-14ページ

松尾哲矢 (1996)「少年スポーツのボランティア指導者におけるドロップアウトに関

する日米比較研究——福岡市とUrbana-Champaign市の事例を中心に」日本レジャー・レクリエーション学会，レジャー・レクリエーション研究，vol. 35：10-20ページ

松尾哲矢（1997）「スポーツボランティアの原則と今後の課題」コーチング・クリニック，11（9）：78-80ページ

イラストでわかる ボランティア実践

松尾哲矢（立教大学コミュニティ福祉学部教授）
中村真博（立教大学大学院コミュニティ福祉学研究科）
イラスト：手塚雅恵

日常生活とパラスポーツのそれぞれの場面で具体的にどのような支援が求められているのでしょうか。ここでは、パラリンピアンの若杉遥さん（ゴールボール女子日本代表）、千葉祇暉さん（車いす陸上元日本代表）のアドバイスをふまえて、視覚障がい者（白杖ユーザー）と身体障がい者の中でも車いすユーザーに対する支援の実践法をイラストで紹介します。

●視覚障がい者への支援
日常生活編

声がけは積極的に、正面から

1

困っていそうなときは自分から「どうしました？」「何かお困りですか？」と積極的に声をかけましょう。その際、離れた場所や後方から声をかけると、相手の雰囲気などがわからず不安になるので、なるべく近くに寄り正面から話しかけるようにします。

若杉さんのアドバイス

視覚障がい者も困ったときはキョロキョロしていることが多いので、そのときはぜひ声をかけてみてください。

2 いっしょに歩くときは半歩前を

白杖を持った手の逆側に立ち、ヒジか肩を持ってもらいながら半歩前を歩きます。うしろから押したり、手や服を引っ張るのはNG。周囲の様子を説明しながら方角や距離なども教えてあげましょう。

狭い場所を歩くときは腕を背中に回し、一列になって歩く。

階段の上り下りは1段先を

まず階段があることを伝え、視覚障がい者が足先や白杖で階段の存在を確認したのち、歩調を合わせながら1段先を進んでいきます。終わりが近づいたら、「あと〇段で終わりです」と声をかけましょう。坂道のときも「ゆるい上り坂です」「急な下りです」と伝えます。

3

4

車に乗るときは車体に手を置く

車に乗るときは白杖をあずかり、視覚障がい者の片手を屋根に、もう一方の手をドアに触れさせ、乗車させます。乗るときは視覚障がい者が先、降りるときは支援者が先。バスの場合は階段と同じように支援者が一段先に乗降するか、手すりに触れさせて単独で乗降させます。

若杉さんのアドバイス

路上の点字ブロックの上に物を置かないでください。また、建物出入り口のすぐ近くにブロックがあり、ドアが開いたままでぶつかったことがあります。ブロックの上の空間も注意してください。

5

食事のときは
皿の位置を伝える

食事のときはテーブル上のどこに何が置かれているか説明します。たとえば時計の文字盤に見立てて、「3時の位置にお茶のポットが、9時にクッキーがあります」などと伝えます。また、「左手の外側に水を置きます」となるべく具体的に声をかけるようにしましょう。

若杉さんのアドバイス

いすを急に動かすと怖いので「押します」「引きます」とひと言添えてください。

イスに座るときは視覚障がい者の片手を背もたれに、もう一方の手をテーブルに誘導して座らせる。背もたれがないときはどちら向きに座ればよいかを教える。

6

買い物は商品の
特徴を説明する

買い物に同行するときは、それぞれの商品の特徴を口頭で説明します。また、形が同じで味がちがうものは（例：おにぎり、ジュース等）、あとでわかるようにテープを貼って分類しておくと便利です。

スポーツ編

まずは施設の構造を説明する

初めてのスポーツ施設の場合、どのような建物で、どこにどんな施設があるのか、入口からの導線（道順）はどうなっているのかをていねいに説明します。壁の出っ張りや段差など危険な箇所も知らせましょう。

1

若杉さんのアドバイス

どんな人が施設を利用しているのか教えてほしいですね。子どもが多いときはとくに気をつけなくてはならないので。

受付を手伝う。トイレは同性が誘導

施設の受付の際、利用の仕方や注意事項を読むサポートをおこない、必要に応じて記入の手伝いもします。また、トイレやシャワーの利用は同性が誘導します。便器やトイレットペーパー、シャワーなどの細かい位置や利用方法を伝え、外で待機するようにします。

2

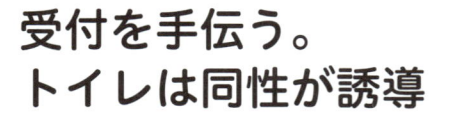

効率的な練習ができるようサポート **3**

支援者はボールひろい、給水、時間管理、審判などを担当し、視覚障がい者が効率的に練習や試合ができるようサポートします。弱視の方の場合はビデオを撮影し、あとで動きを確認してもらってもよいでしょう。全盲の方の場合は細かな動きを会話の中で伝えます。

若杉さんのアドバイス

専門知識がなくてもボールひろいをしてもらえるだけでも助かります。

道具は元どおりに。掃きそうじを手伝う **4**

視覚障がい者が自分たちでも準備できるよう、練習道具の置き場所や並べ方は決まっています。片付けのときは位置を変えないよう注意しましょう。また、掃除をするときは、とくにゴミひろいやホウキを使った掃きそうじを手伝うようにします。

若杉さんのアドバイス

見えなくてもどこに何があるかを把握しています。道具や備品は必ず定位置に戻してください。

伴走するときは「きずな」を使用 5

いっしょに走るときは「きずな」と呼ばれるロープを使います。長さは状況によって調整（たとえば混雑時は短く）しながら、腕の振りや脚の動きをランナーに合わせて伴走します。走る位置は一般的に伴走者が左側となり、障がい者ランナーと並行か、半歩下がります。「10メートル先に右カーブ」「左に1メートル寄って」など指示は具体的におこない、坂道や段差があるときも始まりと終わりをきちんと伝えましょう。

若杉さんのアドバイス

走る方向、距離、道の形状などをタイミングよく伝えてもらうとスムーズに走れます。

観戦はなるべく様子を詳しく解説

視覚障がい者といっしょにスポーツ観戦するときは、たとえばゴールボールならボールの動き、競技者の動き、得点の入り方など、試合の様子をなるべく具体的に伝えるようにします。

6

若杉さんのアドバイス

誰がどうやって得点したのか、失点のときも誰と誰の間をやぶられたのかなど、いろんな情報を教えてほしいですね。

車いすユーザーが困っている様子を見たら、遠慮せずにどんどん声をかけて行動してほしいです。

● 車いすユーザーへの支援

日常生活編

1 目線の高さを合わせて言葉がけを

困っている車いすユーザーを見かけたら「何かお手伝いしましょうか?」と積極的に声をかけましょう。その際、膝を折って目線の高さを合わせるとコミュニケーションが円滑になります。車いすを押すときは「進みます」「止まります」と声がけをしながら動かします。

2 坂道では「押しましょうか?」とひと声

上り坂がきつそうなときは「押しましょうか?」とひと声かけてサポートします。車いすを押すときは身体をやや前傾させ、下りは車いすを少し引くようにしながら押します。下りの傾斜がきついときはイラストのように後方に気をつけながらうしろ向きになってゆっくり進みます。

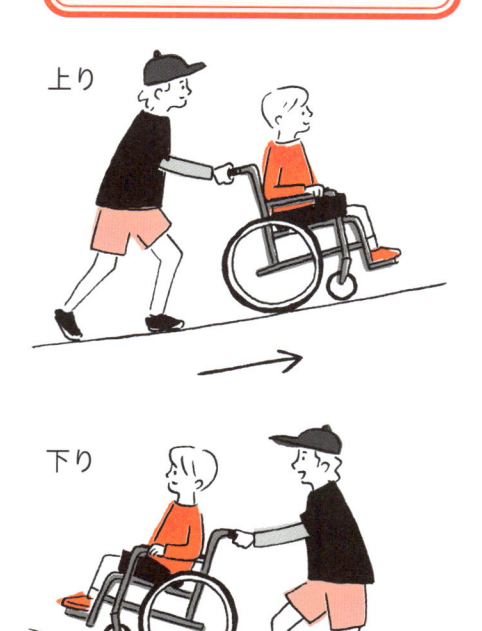

上り

下り

6

パラスポーツ・ボランティアを実践する

段差を越えるときの
サポート

段差のある場所では「上げます」と
ひと声かけ、ティッピングバー（車
いす後方の車輪横から飛び出しているパイプ）
を踏んでキャスターを浮かし、段差
にキャスターを上げてから後輪を
ゆっくり押し上げます。下がるとき
も同様にキャスターを浮かせながら
ゆっくり後退していきます。段が高
かったり、段数が多いときは複数人
で車体ごと持ち上げましょう（タイヤ
ではなく固定されたフレームを持つこと）。

3

あげるよ

千葉さんのアドバイス

持ち上げるときに「よいしょ」と言わ
れると「重いのかな？」と気になってし
まいます。

レストランは
入口近くに席を取る

外食店に入るときは、通路の幅の広
さ、車いすで入れるトイレがあるか
を確認します。移動がしやすいよう
に、なるべく入口の近くに席を取っ
てもらうようにしましょう。個人差
はありますが、車いすを降りて座敷
に座るより、そのままテーブル席に
着くほうが身体の負担は小さいので、
お店選びの参考にしてください。

4

移動の支援は
状況に合わせて

車への乗降の仕方や車いすの積み込み方は障がい者ごとにちがうので、どうサポートすればよいかをたずねます。また、乗り降りのどちらも手伝える場合は問題ありませんが、降りるときにボランティアがいない場合は車いすユーザーが自分で車いすを降ろさなければならなくなるので、相談しておこないます。なお、電車移動の場合はスロープを使うので2〜3本待たされることがあります。時間に余裕を持って行動するようにします。

車いすユーザー専用駐車場の脇にはゼブラ柄エリアがある。これは車いすに乗降するための場所。健常者はここに車を止めたり物を置いたりしないように注意。

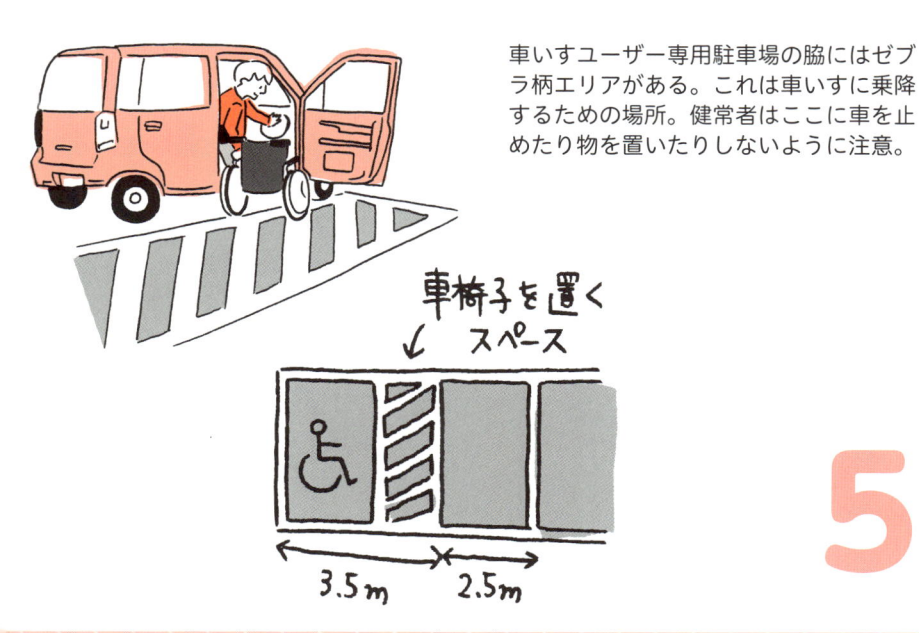

車椅子を置く
スペース

3.5m　　2.5m

5

スポーツ編

支援者は競技用
車いすを運ぶ

競技用車いすには「陸上用」「バスケットボール用」「テニス用」などさまざまなタイプがあります。施設に着いたら、障がい者は日常用車いすに乗って移動し、競技用車いすと荷物を支援者が運ぶようにします。施設ではエレベータの場所など、車いすで移動するための導線も確認するようにします。

1

千葉さんのアドバイス

競技場で車いすを重ねられ、クッションが変形してしまった経験があります。扱い方に注意してください。

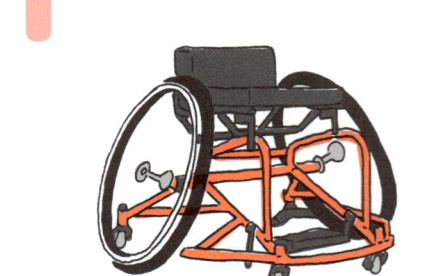

バスケットボール用

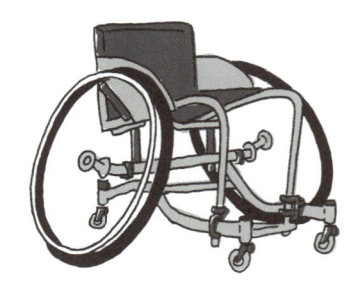

テニス用

車いすは競技ごとに形状が違う。

着替えは同じ高さの
ベンチを用意

2

スポーツウェアへの着替えは、車いすに座ったままだと転倒の可能性もあるので、車の中かベンチに座って着替えるのが一般的です。車いすと同じ高さのベンチがあれば、ラクに移って着替えることができるので便利です。基本的には1人で着替えますが、着替えられない場合はサポートをするようにします。

転倒したときは？

真上に持ち上げようとすると、介助する人の腰に負担がかかる。バランスも崩しやすく危険。

転倒した場合、試合中であれば競技によっては審判が許可した場合しか介助できません（競技者が自分で起き上がらなければならない）。起き上がらせる場合は、車いすの固定ベルトを外して先に車いすを起こし、イラストのように競技者をかかえ、立ち上がるタイミングで身体を後ろに引いて起こすようにします。

3

からだを冷やして
体温調整をサポート

車いすユーザーの中には障がいが原因で体温調整がうまくできない人もいます。そのときは濡れタオル、霧吹き、保冷剤などを用意しておき、首や脇の下を冷やすようにします。こまめな水分補給も重要です。ペットボトルのフタを開けられない人もいるので、その場合はサポートするようにしてください。

4

床のタイヤ跡は
きれいに拭き取る

車いすバスケットボールなどの屋内スポーツの場合、使用後に体育館の床についたタイヤの跡を消す必要があります。中性洗剤、ぞうきん、モップなどを使ってきれいに拭き取るようにしましょう。道具の片付けなども積極的に手伝うようにしてください。

5

6

試合観戦は
車いす専用シートで

観戦の際は、競技場に車いす専用シートがあるかを確認します。多くの場合、車いすに座った状態でも試合がよく見えるようにフィールド横か観客席の最上段にあります。競技場内を車いすで移動するのはたいへんなので、着席後に飲食物を購入するときは支援者が代理で行うようにしましょう。

6

パラスポーツ・ボランティアを実践する

おわりに
共生社会の扉を開く
理解から行動へ

松尾哲矢
立教大学コミュニティ福祉学部教授

　本書では、パラリンピックを契機として何が変わりつつあるのか、パラリンピックを通して見えてくる可能性と課題とは何か、パラスポーツをボランティアとして支えることの意義と可能性、具体的な支援の方法とポイント等について考えてきました。

　パラリンピックは、英国のストーク・マンデビル病院で産声を上げました。その目的は、戦争等で車いす生活を余儀なくされた人のリハビリテーションの一つとして始まりました。「失ったものを数えるな。残されたものを最大限に生かせ」（グットマン博士）と鼓舞激励して。それが、いまでは、パラアスリートによるハイパフォーマンスが示される場となりました。パラアスリートは、一流の動きと技で人を魅了し、感動を与え、福祉の領域ではない、スポーツ領域のアスリートとして賞賛と尊敬を集めています。

　2020年東京パラリンピックを契機とした共生社会の扉を開ける可能性について見てきました。

　これまで障がいは、あくまでも個人が障がいを有することによって不自由を抱えるというように、個人の側に障がいがあるといった「障がい

図1　パラスポーツ・ボランティア文化を創る

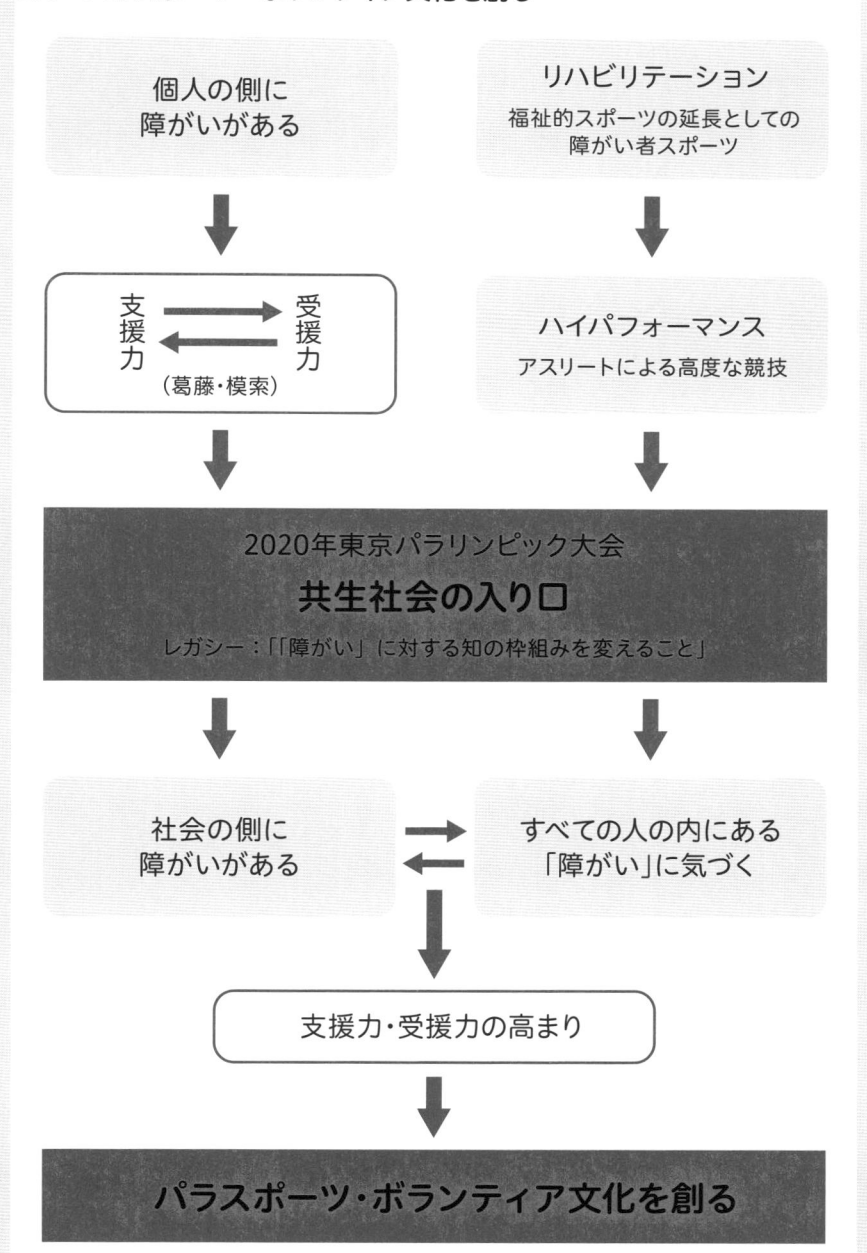

の個人モデル」による見方が一般的でした。しかし、たとえば、視力が弱い人であっても、眼鏡があれば、そこに障がいは発生しない。たとえ身体的な欠損部分あったとしても、それがハンディキャップにならない用具や環境の整備があればそこには障がいは発生しない。ハンディキャップを生じさせているのは社会の側であるといった、いわば、社会の側に障がいがあるという「障がいの社会モデル」を前提に議論することの重要性が確認されました。そして「すべての人の内にある「障がい」に気づく」こと。そのことで人との違いを知り、人と違っていいという多様性に対する相互承認と肯定。それこそがすべての人が自分らしく生きていける共生社会の扉を開くことになるのです。

　すべての人のなかにある「障がい」に気づき、障がいに対する見方・考え方（枠組み）を変える。それが2020年東京パラリンピックの重要なレガシーとなります（図1）。

「理解」から「行動」へ。パラスポーツ・ボランティアという体験は、パラスポーツ愛好者、競技者を応援し、支える体験であるだけでなく、身近で応援することで、「楽しさ」と「喜び」を共有できる体験となります。さらに、人と違っていいんだという安堵感と、「がんばれ」と応援しながら自分がはげまされ、勇気をもらう体験にもなります。

　パラスポーツ・ボランティアの文化的な成熟はこれからというところですが、歴史が浅い分、柔軟な発想でさまざまな取り組みができます。スポーツイベントや大会、スポーツ指導や審判、クラブやスポーツ施設運営のお世話、日常のスポーツ活動のサポート、スポーツの良さを人に伝える支援など、自分のやれることで多様にかかわることができるのです。

　大切なことは、「何かお手伝いしましょうか」と声をかける勇気です。わからないことは相手に「聞く」。聞くことからすべてが始まります。その上で、支援者と受援者の双方が、対等であり、相互の尊敬と節度を

大切にしながら、支援力と受援力をお互いに高めること、それがパラスポーツ・ボランティア文化をより豊かなものにします。

　スポーツを楽しむ新しい方法としてのパラスポーツ・ボランティアを通して共生社会を創る1人として何ができるのかを考え続ける。パラスポーツ・ボランティア文化を育てることが共生社会の実現につながるのです。

　明日から一歩を踏み出してみてはいかがでしょうか。

編者プロフィール

松尾哲矢（まつお　てつや）
立教大学コミュニティ福祉学部教授
東京都スポーツ振興審議会会長
（公財）日本スポーツ協会指導者育成専門委員会委員／同国際専門委員会委員
（公財）日本レクリエーション協会理事

平田竹男（ひらた　たけお）
早稲田大学スポーツ科学学術院教授
内閣官房東京オリンピック・パラリンピック推進本部事務局長

パラスポーツ・ボランティア入門
共生社会を実現するために

2019年12月2日　　初版第1刷発行

編者 ──────── 松尾哲矢・平田竹男

ブックデザイン ──────── 宮脇宗平
発行者 ──────── 木内洋育
発行所 ──────── **株式会社旬報社**
　　　　　　　　〒162-0041
　　　　　　　　東京都新宿区早稲田鶴巻町544　中川ビル4F
　　　　　　　　TEL 03-5579-8973　FAX 03-5579-8975
　　　　　　　　HP http://www.junposha.com/
印刷製本 ──────── シナノ印刷株式会社

視覚障害その他の理由で活字のままで本書をご利用できない方には、テキストデータをご提供します。ご希望の方は「ご住所・お名前・お電話番号・メールアドレス」を明記の上、左下の請求券を当社までお送りください。なお、テキストデータは、本書を購入いただいた方のみのご利月となります。